Michiaki und Hildegard Horie

Wenn Gedanken Mächte werden ...

Die Krise als Chance nutzen

R. BROCKHAUS VERLAG WUPPERTAL UND ZÜRICH

ABCteam

ABCteam-Bücher erscheinen in folgenden Verlagen:

Aussaat- und Schriftenmissions-Verlag Neukirchen-Vluyn
R. Brockhaus Verlag Wuppertal
Brunnen Verlag Gießen (und Brunnquell Verlag)
Christliche Verlagsanstalt Konstanz (und Friedrich Bahn Verlag/ Sonnenweg-Verlag)
Christliches Verlagshaus Stuttgart (und Evangelischer Missionsverlag)
Oncken Verlag Wuppertal und Kassel

Umschlaggestaltung: Carsten Buschke, Solingen
Umschlagfoto: ZEFA, Düsseldorf
Gesamtherstellung: Breklumer Druckerei Manfred Siegel KG
ISBN 3-417-12439-5

INHALT

Wenn Gedanken Mächte werden ...

»Es hat doch alles keinen Sinn, Herr Doktor, für mich gibt es keine Hilfe.« Und als ich diesen Menschen ansah, wußte ich, daß er davon überzeugt war, ein »hoffnungsloser Fall« zu sein.

Im Laufe von mehr als zwanzig Jahren haben viele Menschen in meiner Praxis Rat und Hilfe gesucht. Menschen, die in einem tiefen Loch gefangen waren.

Doch die Zahl derer, die keinen Menschen haben und nicht wissen, an wen sie sich wenden sollen, ist ungleich größer. Sie quälen sich in ihrer Hoffnungslosigkeit und haben keine Kraft mehr zu kämpfen.

Ein Heer verzweifelter Menschen mit den Scherben ihrer zerbrochenen Träume. Enttäuscht von sich selbst. Von anderen. Von Gott. Sie fühlen sich verraten. Vom Leben benachteiligt. Sie haben resigniert.

Zu oft sind sie irgendwelchen Versprechungen nachgegangen, nur um feststellen zu müssen, daß das für andere galt – aber nicht für sie. Das Leben ist zu einer Feindmacht geworden, der sie scheinbar wehrlos ausgeliefert sind.

Vielleicht befinden auch Sie sich gerade in solch einem Zustand der Dunkelheit, in dem Sie alle Hoffnungen aufgegeben haben. Sie denken, es wird nie wieder hell. Sie verrichten die täglichen Arbeiten wie im Nebel, während Ihre Gedanken unentwegt um das eine große Problem kreisen, von dem Sie sich einfach nicht abwenden können. Sie sind so tief verwundet, daß Sie sich nicht vorstellen können, daß es je anders werden könnte.

Vielleicht warten Sie insgeheim noch immer auf ein Wunder – und fürchten doch zugleich, daß dieses Wunder Sie niemals erreicht. Vielleicht auch sehen Sie einen anderen Menschen vor sich, der Ihnen nahesteht, und dem Sie gerne helfen möchten, aus seiner Nacht herauszukommen. Aber Sie haben keine Möglichkeit, ihn zu erreichen. Was Sie sagen, geht an ihm vorbei. Als lebte er in einer anderen Welt.

Darum haben wir dieses Buch geschrieben.

Es soll ein ganz praktischer Ratgeber sein.

Wir wollen keine Auflistung psychischer Störungen, vielmehr

möchten wir Sie mit hineinnehmen in das Sprechzimmer, um miteinander über das zu reden, was Sie gefangen nimmt, Sie niederzwingt und zu Boden drückt.

Wir möchten mit diesen Zeilen gleichsam ein Seil hinunterlassen für alle, die sich in solch einem tiefen schwarzen Loch befinden, um sie in die Freiheit zu führen. In das Licht. Wir möchten Schritt für Schritt mit Ihnen gehen und Sie teilnehmen lassen an dem, was schon vielen Menschen vor Ihnen zur Hilfe geworden ist.

Und wenn diese Seiten auch in Ihnen eine neue Hoffnung wecken konnten, ist es unsere Bitte, daß Sie diese Schau weitergeben, damit eine Spur der Hoffnung sichtbar wird – wie ein leuchtender Weg.

Einleitung

Tagebuch der Nacht

Dieses Tagebuch eines jungen Menschen entstand nach dem Zerbruch einer Freundschaft und wurde mit Genehmigung rekonstruiert, bearbeitet und zusammengestellt. Da ähnliche Erfahrungen vielfach berichtet wurden, können diese Aufzeichnungen hier stellvertretend die innere Auseinandersetzung einer extremen Gefühlsverwirrung widerspiegeln.

1. 12.
Es ist das Tagebuch meiner Nacht. Denn für mich gibt es kein Morgen. Ich sitze den ganzen Tag da und starre vor mich hin. Mein Denken ist in einem Zwang gefangen. Mit einer unheimlichen Gewalt zieht es mich. Wenn ich nur wüßte, wer dieser Feind ist, der da auf mir sitzt und mich würgt und zugleich in eine unergründliche Tiefe zieht. Ich möchte schreien. Aber es fehlt die Kraft. Oder ist es das Wissen, daß niemand hört? Meine Gedanken irren ziellos umher, doch nur, um wieder zurückzukehren an den alten, wunden Punkt: Hätte ich anders entschieden, es wäre alles anders geworden. *Hätte* – – Mit meinem Verstand – sofern noch etwas davon übrig geblieben ist – weiß ich, daß dieses *Hätte* mich nicht weiterbringt. Aber das Wissen hilft nichts. Die Anklage ist stärker. Was hilft es, wenn man zu mir sagt: »Die Realität akzeptieren« – wenn alles in mir schreit: Ich kann nicht! Ich kann nicht!

Ist es Selbstmitleid? Ach, nicht einmal dazu reicht die Kraft. Ich bin schuld. Alles ist meine Schuld. Alles – und nichts.

2. 12.
Ein neuer Tag. Den ich leugnen möchte. Einfach löschen. Daß nichts mehr an mich erinnert. Mich selbst auslöschen. Daß ein Mensch sich so quälen muß.

3. 12.
Wenn ich versuche, sachlich meine Situation zu sehen, verstehe ich

mich selber nicht. Zwischendurch ist es wie ein schüchternes Erwachen: Und wenn ich mich geirrt habe? Wenn es vielleicht doch eine Hoffnung gibt? Aber sogleich legt sich die Traurigkeit wie ein Mantel um mich, in den ich mich erneut hülle – ohne geborgen zu sein. Denn dieser Mantel ist gefüttert mit tausend Nadeln, die meine Seele verwunden.

4. 12.
Ich versuche, mich abzulenken. Aber es ist, als hätte ich zentnerschwere Gewichte an den Beinen. Ich schleppe mich mühsam von einem Zimmer ins andere. Ich schäme mich, jemand könnte mich sehen. Von meinen alten Bekannten. Ich möchte fliehen. Irgendwohin – und weiß doch nicht wohin. Oh, Gott. Wo bist du?

5. 12.
Heute war er wieder da. Ich redete wie im Traum. Alles schien so unwirklich, meilenweit entfernt. Ich selbst wie auf einem fernen Stern. Ich hörte mich selbst reden – ohne zu wissen, was. Auch meine Bewegungen waren fremd. Fast geisterhaft. Ohne Empfinden. Ob es im Tode ähnlich ist?

Würde das Gewicht mich nicht niederzwingen ...

12. 12.
Die letzten Tage habe ich wie in einer Agonie verbracht. Unfähig, die Qualen in Worte zu fassen. »Es ist wie Mord in meinen Gebeinen« – ob der Psalmist das selbst durchlitten hat?

26. 12.
Ich habe R. zum Flughafen gebracht. Als er hinter der großen Tür verschwand, war es, als würde alles Leben im Nebel ausgelöscht. Jedes Gefühl. Wie in Trance suchte ich den Weg zurück. Die Überzeugung, nicht lebensfähig zu sein, erschreckt mich. Ich fühle mich unendlich verlassen. Allein. Eine abgeschnittene Pflanze, die irgendwo im Universum dahinwelkt. Ich möchte Wurzeln treiben. Irgendwo zu Hause sein. Ist es das Gefühl der inneren Heimatlosigkeit, daß ich diese Leere empfinde? Dieses Ausgeliefertsein. Ohne mich festhalten zu können ...

27. 12.
Jesus Christus, du Sohn des lebendigen Gottes, erbarme dich meiner – das ist alles, was ich schreien kann. Nicht einmal. Hundertmal. Die ganze Nacht. Ich war zu keinem anderen Gedanken mehr fähig. Aber wenn man bittet – und nicht empfängt; anklopft – und niemand öffnet – ein Sack voller Versprechungen – und dann doch leer ausgeht – – was mache ich verkehrt?

Nein, ich weiß, keine Methode. Wir können Gottes Handeln nicht voraus berechnen. Wir sollen vertrauen. Und gerade das ist es, was ich am wenigsten vermag. Dieses tiefe schleichende Mißtrauen, das mich von innen zerfrißt.

28. 12.
Hätte ich ein Gegenüber, wäre ich gezwungen, Gedanken in Worte zu fassen und damit ein wenig Licht in mein inneres Chaos zu bringen.

Weiche ich einer Konfrontation mit mir selbst aus? Es fällt mir so schwer, mich festzunageln, eine Gedankenlinie zu verfolgen. Oder ist es darum, weil ich gar nicht fähig bin, einen klaren Gedanken zu fassen? Nur die Tatsache bleibt konstant. Auch wenn ich noch so sehr wünschte, alles wäre nur ein Traum. Ich möchte schlafen. Alles vergessen. Aber nein: nicht ausweichen!

Die Perspektive, die ich bis dahin hatte, ist nun ins Gegenteil gekehrt, zu einer Waffe geworden, die sich gegen mich richtet. Aus dem Plus ist ein Minus geworden. Und ich bin nicht fähig, die alten Gedanken noch einmal zu denken. Alles ist verzerrt. Ich frage mich. Welcher Schau kann ich vertrauen, der vorhergehenden – oder der jetzigen?

War es das Abenteuer, das ich suchte? War es Flucht? Oder gar beides? Was ist der Grund meines Traurigseins? Ist es verletzter Stolz? Aber vielleicht liegt der eigentliche Grund noch tiefer. Viele Gedanken haben zueinander gefunden wie ein Puzzle . . . Ich fühle mich entwurzelt. Heimatlos.

3. 2.
Hätte – und wenn ich hundertmal weiß, daß es mich nicht weiterbringt, dieses kleine Wörtchen bohrt und sticht und schneidet wie

mit Messern – hätte ich anders gehandelt. Ich möchte alles ungeschehen machen. Zurückschrauben. Noch einmal von vorne beginnen. Zurück bedeutet Sicherheit. Alles zuvor Erlebte verliert an Schrecken und erscheint in einem fast mystischen Glanz, der die Realität übergoldet. Hätte …

4. 2.
Ich schreie zu Gott. Aber da ist keine Antwort. Wo plötzlich wie mit einer lässigen Handbewegung alle Gotteserkenntnis weggewischt wird und man konfrontiert wird mit der schweigenden Realität. Alle Versuche, sich dagegen aufzubäumen, sind sinnlos, so sinnlos. Als einzige Antwort das Schweigen. Und in diesem Schweigen die selbstquälerische Frage: Habe ich mich geirrt? Bin ich letztlich doch einem Trugbild gefolgt? Ich wage nicht, diesen Gedanken bis zu Ende zu denken, aus Angst, wahnsinnig zu werden.

10. 2.
Ich kann mich selbst nicht mehr verstehen. Irgend etwas ist in mir, das mich zwingt. Ein Gefühl, das mich in eine Tiefe zieht, die keinen Boden kennt. Ich wehre mich verzweifelt dagegen; aber dieser Sog ist stärker. Als wollte ich mich mit letzter Kraft am Rande des Abgrunds festklammern. Ich merke, wie meine Finger das Gewicht des Körpers nicht mehr halten können. Ich blicke in das schwarze Loch und habe keine Kraft, mich hochzuziehen. Mein ganzes Wesen ist ein einziger Schrei nach Hilfe.

13. 2.
Es war wie ein fernes Leuchten am Horizont. Ist es die Hoffnung, die mich neu belebt? Heute kam mir zum ersten Mal der Gedanke, nach langen Monaten, daß das Leben schön sein könnte. Zwischendurch fühlte ich mich wie ein neugeborenes Fohlen, das vergebens versucht, auf seinen schwachen, noch so wackeligen Beinen zu stehen.

Kann es sein, daß Gedanken Mächte werden und mich zwingen?

Dieser monotone Rhythmus!

Wie eine Zauberformel, die ihre Wirkung nicht verfehlt. Alles steht gegen mich auf. Als hätte sich das ganze Leben gegen mich verschworen. Wenn ich nur wüßte: Es hat seine Richtigkeit, dann wäre ich getrost. Aber der Gedanke, daß meine Entscheidung das Schicksal bestimmt, treibt mich fast in den Wahnsinn.

3. 3.
Ich bin wie ein Käfer, der auf dem Rücken liegt und verzweifelt mit den Beinen in der Luft rudert. Aber so sehr er sich bemüht – er kommt nicht hoch. Er braucht einen Halt. Vielleicht nur einen Grashalm ... Ich suche solch einen Halm, an dem ich mich aufrichten kann.

Manchmal denke ich, ein Wort würde reichen, ein einziges Wort, um mich aus dieser Dunkelheit zu befreien. Ich suche nach diesem einen Wort. Ich möchte danach greifen. Aber es ist niemand da, der dieses Wort spricht. Oder muß diese Veränderung in mir geschehen?

11. 3.
Ich möchte abschalten. An nichts denken, aber das Rad dreht sich weiter. Es läuft und läuft und läuft. Ich kann es nicht stoppen.

30. 3.
Den ganzen Tag hatte ich das Gefühl, absolut vor einer eisernen Wand zu stehen. Verfolgt von Panik. Ich wollte zurück, aber der Rückweg war versperrt. Weder vor noch zurück. Und während ich mit dem Gesicht gegen die Wand gepreßt dastand, tat sich die Wand auf, ich spürte sie einfach nicht mehr. Mehr noch: ich ging hindurch – wie durch einen Nebel.

Die Hoffnung. Das Vertrauen, daß alles gut ist. Und aus der eisernen Mauer wird eine Dunstschicht, durch die ich gehen kann. Ist es möglich, daß man sich selbst so betrügen kann? Daß man leidet, wo man gar nicht leiden muß?

Ich begreife das alles nicht.

Oder ist auch das ein Geheimnis, daß unsere Augen gehalten sind und wir nicht sehen können?

War es Gott, der mir begegnet ist?

Ich weiß es nicht.

10. 5.
Die Traurigkeit ist wieder zurückgekehrt wie ein alt-vertrauter

Gast. Sie klopft nicht einmal mehr an. Plötzlich steht sie da, als gehöre sie dazu. Und all das, was ich gestern noch als Hoffnung in mir gespürt habe, ist erneut wie weggewischt.

13. 5.
Bilanz: Soll und Haben. Ich versuche, die einzelnen Posten sachlich gegenüberzustellen. Habe ich nicht Grund, dankbar zu sein? Warum bin ich es dann nicht? Gefühle ignorieren, kann man das? Wer kann das? Zumal dann, wenn sie zu einer Macht geworden sind. Trotzdem: Nicht beirren lassen. Es wird gut. Ist das Selbstsuggestion?

20. 5.
Heute nacht habe ich von einem erwachenden Zweig geträumt, ein junges Blatt; noch war es zusammengerollt, wie ein samtweiches Fell, so zart und neu. Aber es war da, beinahe noch etwas verschlafen. Jetzt muß es sich entfalten, ausbreiten, wachsen. Und auch das würde geschehen – zu seiner Zeit.

Wenn ich voller Ungeduld versuchen wollte, diesen Prozeß des Werdens zu verkürzen, ich würde dieses zarte Leben zerstören.

Ist das ein Bild für meine Seele? Ein Bild der Hoffnung?

21. 5.
Ich habe den Eindruck, erneut dem Leben zurückgegeben zu sein. Als wäre ein Nebelschleier zurückgezogen. Auch die Farben sind wie neu. So klar. Plötzlich ist all das Dunkle wie weggewischt. Auch das Zwanghafte, Grüblerische ist nicht mehr da. Es kommt so etwas wie Freude in mir auf. Wenn ich das schreibe, zögere ich, als müßte ich leise sein, aus Angst, die Dunkelheit könnte erwachen und mich aufs neue in ihren Bann zwingen.

Nein, ich will mich nicht mehr zwingen lassen. Ich will leben. Die Zeit nutzen.

Ich bemühe mich nicht mehr, alles zu verstehen, zu erklären. Ich habe nur noch das Verlangen, mich selbst loszulassen, fallen zu lassen, um mich den Händen eines liebenden Vaters anzuvertrauen, der alles weiß. Gott ist größer als unser Herz. Sollte Er, der das Weltall erschaffen hat, nicht auch mit mir fertig werden?

Gefühl – was ist das?

Wir freuen uns – und lachen. Wir sind traurig – und weinen. Aber es gibt auch eine stille Freude, die sich nicht nach außen zeigt. Und es gibt eine Traurigkeit, die keine Tränen weint. Was geschieht nun, wenn wir uns freuen, oder was geschieht, wenn wir traurig sind?

Freude oder Traurigkeit sind offensichtlich Emotionen, die durch einen bestimmten Mechanismus im Menschen ausgelöst werden. Dasselbe gilt für Angst und Ärger. Wir können hier die ganze Skala der Gefühle auflisten. All diese Gefühle werden im Menschen gebildet. Sie sind nicht greifbar – und doch spüren wir sie; denn sie lösen nun ihrerseits durch unser vegetatives Nervensystem wiederum einen Mechanismus aus: Unser Herz zittert vor Angst. Und die Traurigkeit schlägt uns auf den Magen. Der Rücken schmerzt bei dem Gedanken an die bevorstehende Reise und der soeben durchlebte Schrecken ruft einen Asthmaanfall hervor.

Ist nun das Herz Zentrum der Gefühle oder der Magen? Hat das Gefühl seinen Sitz im Rückenmark oder in der Lunge?

Gefühle sind in uns, ohne daß wir sie genauer lokalisieren können. Sie bedienen sich mal dieser, dann wieder einer anderen Ausdrucksweise, je nach Veranlagung des einzelnen.

Wir sprechen zunächst von Ur-Gefühlen wie Behagen und Unbehagen, Entspannung oder Erregung; sodann von mehr differenzierten Gefühlen wie Freude, Trauer, Angst und Ärger. Darüber hinaus aber gibt es alle nur denkbaren Schattierungen und Nuancen, also Gefühlsmischungen; denn Emotionen treten nur selten ganz unvermischt auf.

Wer sich selbst beobachtet, wird feststellen, daß auch über einem schönen Erlebnis ein Hauch von Wehmut liegt, und daß sich in die Ablehnung ein Gefühl einmengen kann, das besänftigt. Gefühle können zunächst rein mechanisch hervorgerufen werden. Ein Streicheln beispielsweise löst ein gewisses Wohlbehagen aus, ein Schlag dagegen Unbehagen.

Gefühle werden in der Körpersprache ausgedrückt, d.h. ohne Körper sind wir nicht in der Lage zu fühlen.

Werden nun diese Gefühle wie Behagen und Unbehagen gedanklich verarbeitet, haben wir es mit Stimmungen zu tun oder auch Bezugs-Emotionen. Da wird der Reiz, der ein gewisses Lustgefühl hervorrief, zu einem Gefühl der Zuneigung, und der Schmerz löst eine Assoziation aus, die in Feindschaft oder Ablehnung übergehen kann.

So sind Stimmungen Verbindungen von Gefühl und Gedanken oder, anders ausgedrückt: Verbindungen von Seele und Geist auf der Ebene des Körpers. Stimmungen aber betreffen nicht nur uns selbst. Sie haben gleichsam eine Überträgerfunktion. Auch das ist ein Phänomen, das nicht zu erklären ist. So kann eine Mißstimmung die ganze Atmosphäre vergiften, eine freudige Haltung aber ein positives Echo entlocken.

Aber nicht nur Menschen, selbst ein Kunstwerk kann Stimmung vermitteln und Musik eine Schwingung übertragen.

Laute schrille Töne empfinden wir dabei als unangenehm, während sanfte, harmonische Tonfolgen Entspannung bringen.

Ähnlich wirken Farben auf einen Menschen. Haben grelle Farben mehr eine Schockwirkung, so wird dezenten Farben ein beruhigender Effekt zugeschrieben.

Laut-leise; hell-dunkel; kalt-heiß ... alles Extreme bedeutet für unseren Körper Streß; denn unser Körper ist nach dem Prinzip des Ausgleichs angelegt; auch unsere Psyche, wobei die Harmonie wie die ruhende Achse ist. Und überall da, wo diese Homöostase, das Gleichgewicht, gestört ist, bemüht sich ein Mensch instinktiv, diese verloren gegangene Balance wiederzufinden.

In die Dunkelheit versuchen wir, Licht zu bringen, und gegen grelles Licht schirmen wir uns ab. Wir fliehen die große Hitze und schützen uns vor der eisigen Kälte. Aber genauso sucht auch unsere Psyche das Gleichgewicht; da möchten wir beispielsweise dem Ärger »Luft machen« und der Freude Ausdruck verleihen.

So bleibt die innere Harmonie erhalten.

Das Ausgeglichensein aber ist niemals etwas Statisches, das mit einem Meßgerät eingestellt werden könnte.

Wir sind lebendig und damit dynamisch.

Da ist ein ständiges Auf und Ab, Suchen und Finden, Lachen und Weinen, Geborenwerden und Sterben. Das ist unser Leben. So sind wir geschaffen. Und gerade diese wechselnden Gefühle sind es, die das Leben bunt und interessant gestalten. Doch solche Schwankungen müssen immer wieder zu einem Ruhepol gelangen. Wir können zittern vor Angst; doch dann muß Entspannung eintreten, damit unser Organismus sich wieder erholt.

Nun ist es bekannt, daß vegetative Reaktionen nicht von unserem bewußten Willen gesteuert werden können. Und doch haben wir die Möglichkeit, zumindest bis zu einem gewissen Grad, auf sie einzuwirken. Und das wollen wir in den nächsten Kapiteln versuchen. Wir wollen versuchen, miteinander verborgene Zusammenhänge aufzudecken, um uns selbst besser verstehen zu können.

Der Mensch – eine Einheit

Der Mensch ist eine Einheit von Geist, Seele und Leib. Wir können den Menschen nicht zerpflücken und nur den einen Aspekt betrachten oder nur den anderen. Was den einen Teil betrifft, hat seine Auswirkungen auch auf den anderen.

Freude und Schmerz, Lust und Unlust: Alle Wahrnehmungen finden – vereinfacht ausgedrückt – auf drei Ebenen statt: der Ebene des Verstandes, der Ebene des Gefühls, der Ebene des Körpers.

Ein lieber Freund kommt zu Besuch, auf den ich schon so lange gewartet habe. Rein intellektuell nehme ich dieses Ereignis zur Kenntnis. Diese intellektuelle Wahrnehmung aber löst zugleich eine Emotion aus: Ich freue mich. An dieser Freude sind nun nicht nur mein Geist und mein Gefühl beteiligt, diese Freude wird zugleich auch durch meinen Körper ausgedrückt: Mein Herz klopft schneller, das Blut steigt in den Kopf, mein Körper spannt sich ...

Umgekehrt spielt sich auch bei einem negativen Ereignis eine dementsprechende Reaktion ab: Mir wird eine unangenehme Nachricht überbracht. Ich vernehme sie akustisch, registriere sie also mit meinem Geist, woraufhin meine Psyche mit Bedrückung und Niedergeschlagenheit reagiert. Und auch mein Körper wird in diese Information mit einbezogen: Mein Herz fängt an zu rasen (oder ich habe das Gefühl, der Herzschlag würde jeden Augenblick aussetzen); der Mund wird trocken, das Blut weicht aus dem Gesicht ...

Nicht nur ein tatsächliches Ereignis, sondern schon die Vorstellung, ein Gedanke, sei er nun positiv oder negativ, kann sowohl eine psychische, als auch physische Reaktion hervorrufen. So läßt schon der Gedanke an ein gutes Essen das Wasser im Mund zusammenlaufen, und allein der Gedanke an eine bevorstehende Prüfung kann einen Menschen in Panik versetzen.

Aber nicht jeder Mensch reagiert auf dieselbe Weise. Die Tatsache als solche ist zwar die gleiche. Doch die Verarbeitung, die Art, wie diese Tatsache aufgenommen wird, ist unterschiedlich.

Das kann zweierlei Ursachen haben: Entweder ist der Wertmaßstab unterschiedlich oder die Aufnahmebereitschaft, die mehr mit dem Charakter, der Veranlagung zusammenhängt. Mit anderen Worten: entweder angeboren oder erlernt.

Wer sich nicht viel um persönliche Anerkennung bemüht, wird durch einen Fehlschlag natürlich weniger belastet. Da ist die Persönlichkeitsstruktur bereits erkennbar.

Doch auch bei gleicher Voraussetzung kann das Empfinden unterschiedlich sein. Hier geht es dann um die jeweilige Verarbeitungsweise.

Die Verarbeitung ist offensichtlich eine Steuerung, die der eine mehr, ein anderer weniger beherrscht. Wenn es sich dabei aber um eine Art Technik handelt, die beherrscht werden kann, besteht ja die Möglichkeit, sie zu erlernen. Und das wollen wir miteinander herausfinden.

Wir werden Sie daher zunächst – bevor wir vom psychologischen Aspekt aus die Zusammenhänge betrachten – auf eine kleine Expedition mitnehmen in das Wunderwerk unseres Körpers. Um unsere späteren Behauptungen besser begründen zu können, haben wir uns entschlossen, ein wenig Anatomie einfließen zu lassen. Wem dabei die folgenden Ausführungen zu weitschweifig erscheinen, der kann diesen Teil überschlagen, um zu dem 2. Teil, dem psychologischen Aspekt überzugehen. Für einen anderen jedoch kann gerade diese physiologische Darlegung eine Anregung werden, sich selbst besser zu verstehen, und zwar sowohl von der körperlichen, also der organischen Seite her, als auch vom psychologischen Gesichtspunkt.

I. Eine kleine Anatomie

1. Unser Gehirn, die Schaltzentrale

Würden wir das »Herz« eines Computers öffnen und die Speicher- und Steuerzentrale unter dem Mikroskop betrachten, könnten wir ein Wirrwarr kleinster Verbindungen im Chip erkennen.

Stehen wir schon bewundernd vor diesem elektronischen Leitersystem auf engstem Raum im Inneren eines Computers, wieviel faszinierender dagegen ist das Zusammenspiel der unzähligen Fasern im Gehirn eines Menschen! Selbst die besten Mikroskope sind nicht gut genug, um die Vielseitigkeit dieser winzigen Punkte herauszufinden.

Das Gehirn ist derart komplex und mit einer unübersehbaren Vielzahl an Verbindungen ausgestattet, daß es unmöglich ist, auch nur annähernd sein Geheimnis zu enträtseln. Selbst wenn sich ein Forscher sein Leben lang mit einem winzigen Ausschnitt beschäftigen würde, wäre er noch immer weit davon entfernt, diesen kleinen Bereich in all seinen Möglichkeiten voll zu erfassen. So hält das Wunderwerk des menschlichen Gehirns die Wissenschaft weiter in Atem.

Ein Leben reicht nicht aus, all das zu entdecken, was noch verborgen liegt. Der Mensch braucht eine Ewigkeit, um zu erforschen, was Gott in seiner Weisheit erschaffen hat.

Da bis heute das menschliche Gehirn für die Forschung weithin noch unentdecktes Gebiet ist, bleibt vieles, was gesagt wird, Vermutung. Doch einiges hat sich im Laufe der Jahre bestätigt. Wenn wir also versuchen, die wichtigsten Funktionen des Gehirns darzustellen, ist es verständlich, daß wir dabei nur sehr oberflächlich und andeutungsweise vorgehen können, zumal dies ja kein medizinisches Fachbuch ist.

Unser Gehirn arbeitet wie eine äußerst komplizierte Schaltzentrale, in der alle Impulse zusammengefaßt, sortiert, gespeichert oder weitergegeben werden. Es ist das »Zentrum für unsere Sinnesempfindungen, Sitz des Bewußtseins, des Gedächtnisses und aller geistigen und seelischen Leistung«, so können wir im »Großen Brockhaus«[1] lesen.

Es ist die eigentliche Steuer- und Kontrollinstanz für den gesamten Organismus. Jede Wahrnehmung wird hier empfangen, jede Bewegung gesteuert, jeder emotionale Ausdruck von hier bestimmt. Auch Atmung und Kreislauf werden vom Gehirn aus reguliert, das Sprachvermögen hat im Gehirn seinen Sitz, selbst der Charakter wird hier gebildet. Alle Ausdrücke des Lebens haben im Gehirn ihr eigentliches Zentrum.

Dieses hochempfindliche Organ wiegt ca. 1500 g und liegt geschützt in der Schädelhöhle. Es besteht aus 100 Milliarden Nervenzellen, die in unvorstellbarer Präzision zusammenarbeiten.[2]

Grob anatomisch gesehen kann das Gehirn in fünf Teilabschnitte gegliedert werden, wobei die einzelnen Teile trotz ihrer jeweils spezifischen Funktion ineinander arbeiten und kaum voneinander getrennt werden können.

Abbildung 1

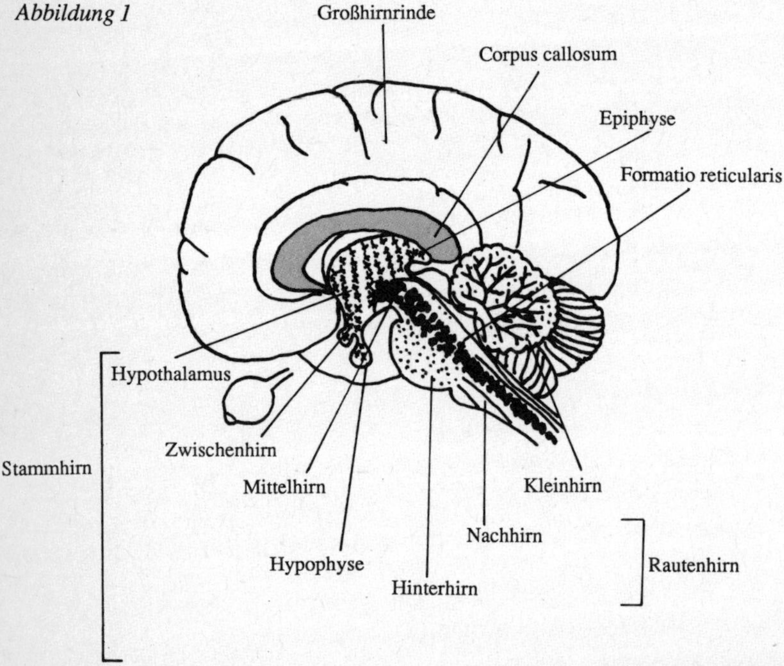

Die fünf Teilabschnitte (Abb. 1)[3] sind:

1) Das *Endhirn*, oder die *Großhirnrinde (Telencephalon oder Neo cortex)*. Es umschließt wie ein großer Mantel die einzelnen Hirnteile und ist der größte und am höchsten entwickelte Gehirnabschnitt.

Das Endhirn wird in mehrere große Felder unterteilt. Wir unterscheiden einzelne »Lappen« wie Stirn-, Scheitel-, Hinterhaupt-, Schläfen-, Stamm- oder Insellappen (s. Abb. 2).

Wenn wir eine Karte des Gehirns vor uns sehen, stellen wir fest, daß die einzelnen Körperfunktionen in systematischer Ordnung in der Hirnrinde repräsentiert sind. Verletzungen in diesen Gebieten führen zu ganz spezifischen Ausfallerscheinungen wie beispielsweise Blindheit in einem Teil des Gesichtsfeldes oder Verlust der Empfindungen in einem ganz bestimmten Körperbereich, eine Teil-Lähmung usw. Findet im Stirnlappen-Bereich etwa durch eine Geschwulst oder einen Unfall eine Verletzung statt, sind schwere Charakterveränderungen bis hin zum sittlichen Verfall der Persönlichkeit die Folge.

Die einzelnen Felder sind demnach Projektionen körperlicher Funktionen.

Abbildung 2

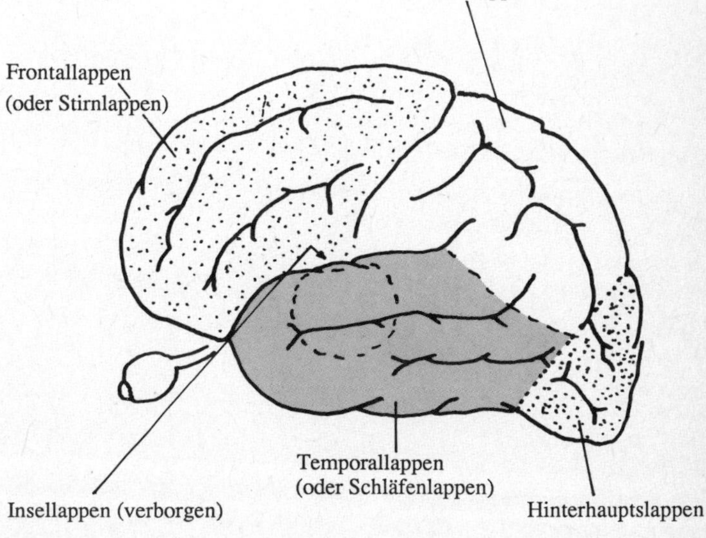

Aus den Nervenzellen der vorderen Zentralregion, dem *Stirnlappen* entspringen die langen Nervenfasern *(Neuriten)* der willkürlich motorischen Nervenbahnen, die bis in das Rückenmark hinabreichen. Von hier werden also unsere Bewegungen gesteuert.

Im Bereich der hinteren Zentralregion, im *Scheitellappen*, endigen dagegen alle Sinnesempfindungen aus der Körperperipherie (Tast-, Schmerz-, Geschmacks- sowie Temperatursinn).[4] Hier werden sie zu bewußtem Erleben verarbeitet oder als individuelle Sinneserfahrung gespeichert.

Im *Hinterhauptlappen* endigen die Sehbahnen. Hier werden Licht, Form und Farbe wahrgenommen und zu optischen Eindrükken verarbeitet.

Im *Schläfenlappen* werden die akustischen Sinneseindrücke, die über die Höhrbahn gelangen, bewußt erlebt.

Und *im basalen Bereich des Stirnlappens* liegt schließlich noch das Riechzentrum, in dem alle Wahrnehmungen, die über die Riechnerven gelangen, verarbeitet werden.

Das Endhirn ist somit der Gehirnteil, der in besonderer Weise den Menschen auszeichnet. Alles, was wir erleben, durchläuft diese Zone. Hier erfolgt die bewußte Wahrnehmung von Informationen und die bewußte Kontrolle von Emotionen und Triebverhalten. Von hier gehen die höheren intellektuellen Fähigkeiten aus wie Sprache und Sprachverständnis. Hier sind auch die Charakter- und Persönlichkeitsmerkmale verankert.

Das Endhirn besteht – wieder grob gesehen – aus zwei Schichten, der oberen Schicht, einer grauen Substanz mit den Milliarden Nervenzellen (Ganglien), und der darunter liegenden weißen Substanz, die aus Nervenfasern besteht.[5]

2) Das *Zwischenhirn (Diencephalon)* mit dem *Thalamus* und der *Epiphyse*, sowie dem *Hypothalamus* und der *Hypophyse.*

Von der Epiphyse, auch *Zirbeldrüse* genannt, wird angenommen, daß sie mit der Regulierung vom Tag- und Nachtrhythmus im Zusammenhang steht. Sie ist wie ein Sensor, der auf Licht anspricht.[6]

Der *Thalamus*, oder *großer Sehhügel*, ist eine hochkonzentrierte Schaltstelle, wie ein Engpaß, durch den praktisch alle Nervenbahnen laufen, die von der Peripherie zur Großhirnrinde gelangen. Damit wird der Thalamus zum »Tor des Bewußtseins«.

Der *Hypothalamus* (hypo = unter) ist die Hauptschaltstelle für das vegetative Nervensystem, d.h. hier werden die vegetativen Funktionen, die wir nicht mit dem bewußten Willen steuern können, wie Blutdruck, Schweißregelung, Körpertemperatur etc. reguliert.

Die *Hypophyse* (griechisch: wachse) besteht aus unzähligen Nervenfasern und ist zugleich eine Miniatur-Hormonfabrik von der Größe einer Kirsche. Sie wird auch *Hirnanhangdrüse* genannt und ist u.a. verantwortlich für das Wachstum, die Geschlechtsreifung, Zyklus, Stoffwechsel und Streßabwehr.

3) Das *Mittelhirn (Mesencephalon)* stellt eine Durchgangsstraße dar für auf- und absteigende Nervenbahnen.

4) Das *Hinterhirn (Metencephalon)* ist über *Brücke* und *Hirnstamm* mit dem Rückenmark verbunden, jenem fingerdicken Strang, der wie eine Kabelhülle die darunter liegenden Nervendrähte schützt und gleichzeitig selbst durch die einzelnen Wirbelkörper der Wirbelsäule gestützt wird.

5) Das *Nachhirn (Myelencephalon)* mit dem verlängerten *Mark (Medulla oblongata).* Hinterhirn und Nachhirn bilden zusammen das *Rautenhirn.* Durch das Rauten- und Mittelhirn bis zum Hypothalamus zieht sich eine netzförmige, wenig gegliederte Nervenmasse, die *Formatio reticularis* genannt wird. Durch die enge Verbindung zum *Limbischen System* werden dieser Nervenansammlung verschiedene vegetative Funktionen, sowie ein emotionsverstärkender Effekt und auch die Verstärkung der Willenskraft zugeschrieben.

2. Das Limbische System (Abb. 3)

Eine zunehmende Bedeutung innerhalb der neurophysiologischen Forschung gewinnt heutzutage das sogenannte Limbische System. Dieser Begriff kommt aus dem Lateinischen und bedeutet so viel wie Saum oder Gürtel.

Wenn wir in der Anatomie vom Limbischen System sprechen, so sind damit jene Teile des *Zentralen Nervensystems* gemeint, die – zwischen Großhirnrinde und Stammhirn – wie ein Ring oder Gürtel um das Stammhirn angeordnet sind. Sie bilden gleichsam den innersten Kern des Gehirns.

Mit ziemlicher Sicherheit vermutet man heute, daß im Bereich des Limbischen Systems Sinneswahrnehmungen in codierte Emotionen umgesetzt werden.

Werden der Großhirnrinde primär intellektuelle Fähigkeiten zugeschrieben wie bewußte Wahrnehmung, analytisches und abstraktes Denken, Phantasie, Musik, Sprache usw., so steht das Limbische System mit der Organisierung von Emotionen und Motivationen in engem Zusammenhang.[7]

Das Limbische System besteht aus einer Reihe von Kerngebieten; die bekanntesten sind *Hippocampus, Mandelkern* und *Fornix*, ein Faserbündel, das wie eine Wurzel das Limbische System durchzieht.

Das Limbische System ist über stark entwickelte Faserstränge mit dem Hypothalamus verbunden, und man geht davon aus, daß dieser vom Limbischen System kontrolliert wird, also dem Limbischen System unterstellt ist. Der Hypothalamus aber ist – wie wir bereits gesehen haben – die Hauptschaltstelle für das vegetative Nervensystem, so daß das Limbische System auch für die Regulierung des vegetativen Nervensystems mitverantwortlich ist.

Wie wir in der Einleitung bereits gesagt haben, muß eine Wahrnehmung nicht unbedingt durch unsere Sinnesorgane erfolgen. Auch in unserer Phantasie können wir uns ein Ereignis ausmalen und mit unserem vegetativen Nervensystem so darauf reagieren, als hätte dieses Ereignis tatsächlich stattgefunden.

Nehmen wir an, uns stünde eine Prüfung bevor, auf die wir uns nicht genügend vorbereitet haben: Wir haben Angst, diese Prüfung nicht zu bestehen. Als Folge der Angst fängt unser Herz an, schneller zu schlagen, sooft wir auch nur an diese Prüfung denken. Die vermehrten Herzschläge sind eine Reaktion des vegetativen Nervensystems, das vom Hypothalamus, bzw. dem Limbischen System gesteuert wird.

Die Phantasievorstellung der Prüfung findet in der Großhirnrinde statt, wird von dort an das Limbische System und den Hypotha-

Abbildung 3 Limbisches System

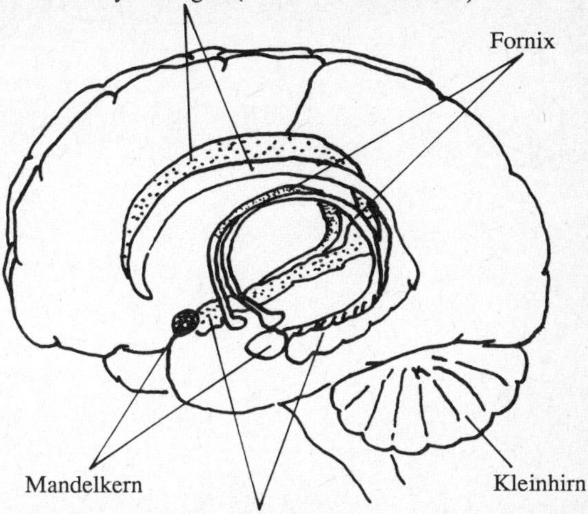

lamus weitergegeben, so daß eine vegetative Reaktion einerseits und eine Emotion andererseits ausgelöst wird. Diese Reaktion wird erneut über die Sinnesnerven durch den Engpaß im Thalamus der Großhirnrinde zurückgemeldet, wo dann die codierte Emotion entschlüsselt und zu einer bewußten Gefühlswahrnehmung umgearbeitet wird.

Solch ein Signal kann wieder und wieder über die gleichen Bahnen laufen, so daß die Schaltung schließlich automatisch erfolgt. So ist es denkbar, daß die einmal erlernte Verbindung als Reaktionsmuster beibehalten wird und auf diese Weise *ein neurotisches Denkmuster* entsteht. In dem Fall könnte sich beispielsweise eine *Herzneurose* entwickeln oder auch eine *Prüfungsphobie.*

Bei einem anderen aber kann derselbe Phantasiegegenstand eine völlig andere Reaktion auslösen. Der Betreffende denkt zwar auch an die bevorstehende Prüfung, auch sein Herz fängt an, schneller zu schlagen, aber er übersieht die verstärkte Herztätigkeit und wartet gelassen ab, wie die Prüfung ausfällt. Hier wird die vegetative Reaktion nicht übersteigert, da ihr keine besondere Bedeutung geschenkt wird, sie wird also im Großhirn anders verarbeitet.

Und wieder bei einem anderen erfolgt gar keine vegetative Reaktion. Allenfalls sagt er sich, daß er sich beim nächsten Mal besser vorbereiten muß.

Ein weiterer, sehr verbreiteter Mechanismus wäre, die Prüfungsangelegenheit zu verdrängen. Dieses Phänomen ist uns zwar psychologisch bekannt, was sich jedoch dabei im Körperbereich abspielt, wissen wir noch nicht.

Einer vegetativen Reaktion liegt etwa folgendes *Schaltschema* zugrunde:

Über die Sinnesnerven wird ein Signal aus der Außenwelt oder der körpereigenen Welt empfangen. Der Impuls gelangt über bestimmte Nervenbahnen zur Hauptumschaltstelle, dem Thalamus, und wird von dort zur Großhirnrinde weitergeleitet, wo die bewußte Wahrnehmung und Verarbeitung erfolgt. Die verschlüsselte Botschaft wird hier entschlüsselt und ausgewertet. Sodann ergeht von der Großhirnrinde ein Signal an das Limbische System und den Hypothalamus, wobei entsprechende Emotionen und vegetative Reaktionen ausgelöst werden. Diese Reaktionen gelangen erneut über die Sinnesnerven in den Thalamus, werden umgeschaltet und der Großhirnrinde zugeführt, dort zu bewußten Emotionen umgeprägt, verarbeitet und gespeichert (s. Abb. 4).

Es wäre verkehrt, wenn wir uns eine Informationsübermittlung wie eine kaum befahrene Einbahnstraße vorstellen würden. Ein Impuls löst vielmehr eine Unmenge von Nebenreizen und Reflexen aus, so daß eine unübersehbare Vielzahl von Schaltungen der verschiedensten Nervenbahnen fast gleichzeitig erfolgen. Allein vom Fornix im Limbischen System gehen ca. 2 Millionen Faserverbindungen aus.

Die neuesten Forschungen haben ergeben, daß sämtliche Sinnesbahnen durch Nebenbahnen mit dem Limbischen System verbunden sind. Das würde bedeuten, daß jeder Sinnesreiz, ganz gleich, ob es sich um Sehen oder Riechen handelt, Hören oder Fühlen vegetativen Charakter und emotionale Nuancierung erhalten.[8]

Abbildung 4

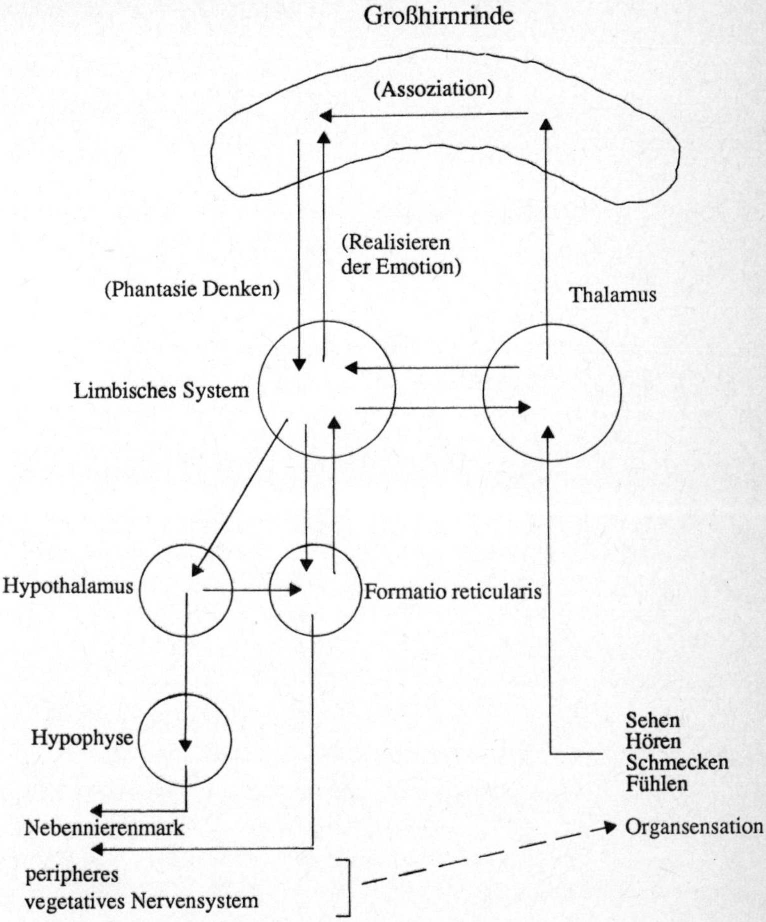
Großhirnrinde
(Assoziation)
(Realisieren
der Emotion)
(Phantasie Denken)
Thalamus
Limbisches System
Hypothalamus
Formatio reticularis
Hypophyse
Sehen
Hören
Schmecken
Fühlen
Nebennierenmark
Organsensation
peripheres
vegetatives Nervensystem

3. Die Nachrichtenübertragung

Wie verläuft nun eine Informationsvermittlung?

Eine Informationsübertragung im Nervensystem geschieht durch zwei verschiedenartige Mechanismen. Es sind einmal die elektrischen Wellen, die in hoher Geschwindigkeit die Nervenfaser durchlaufen, zum andern die Übertragung auf biochemischem Wege.

Doch betrachten wir zunächst eine Nervenverbindung etwas näher:

Die kleinste funktionelle Einheit des Nervensystems ist das *Neuron* (s. Abb. 5). Es besteht 1) aus einem Zellkörper *(Soma)*, der den Kern *(Nucleus)* und eine Reihe von *Zellorganellen* enthält, die für den Stoffwechsel in den Zellen notwendig sind; sodann 2) aus mehreren *Dendriten*, die aus dem Zellkörper erwachsen und sich wie ein dicht verzweigtes Geäst ausbreiten und wie winzige Antennen Impulse empfangen, und schließlich 3) aus dem *Axon*, der Nervenfaser, die wiederum durch nicht erregbare Zellen wie eine Isolierschicht dicht umwickelt wird. Solch ein Axon kann eine Länge bis zu 1 m erreichen und sich bis zehntausendmal verzweigen. Die Abzweigungen werden *Kollaterale* genannt (*latus* = Seite). An den jeweiligen Endverzweigungen befinden sich winzige Knöpfe, über die eine Zelle mit anderen Zellen Kontakte schließt, sei es Kontakt mit einer anderen Nervenzelle oder auch einer Drüsen- bzw. Muskelzelle.

Das kleine Köpfchen am Ende der Nervenfaser ist mit einem feinen dünnen Häutchen umspannt. Dieses Häutchen ist die Membran, die jede Zelle abschließt. Sie ist etwa 5 nm (millionstel Millimeter) dick und enthält Proteine, also Eiweißkörper, die in der Lage sind, Kanäle für Ionen, elektrisch geladene Teilchen, zu öffnen oder zu schließen.

Die einzelnen Zellen kommen nun nicht unmittelbar mit anderen Zellen in Berührung, vielmehr ist das verdickte Nervenende durch einen winzigen Zwischenraum (Spalt) von der Wand der Nachbarzelle getrennt. Diese ganze Kontaktstelle, also die Nervenendigung, die Membran der Nachbarzelle und der Spalt dazwischen, wird *Synapse* genannt (griech. *synapto* = eng umgreifen) (s. Abb. 6).

Die Synapse ist eine Umschaltstelle zur biochemischen Übertragung elektrischer Signale.

Abbildung 5

Neuron

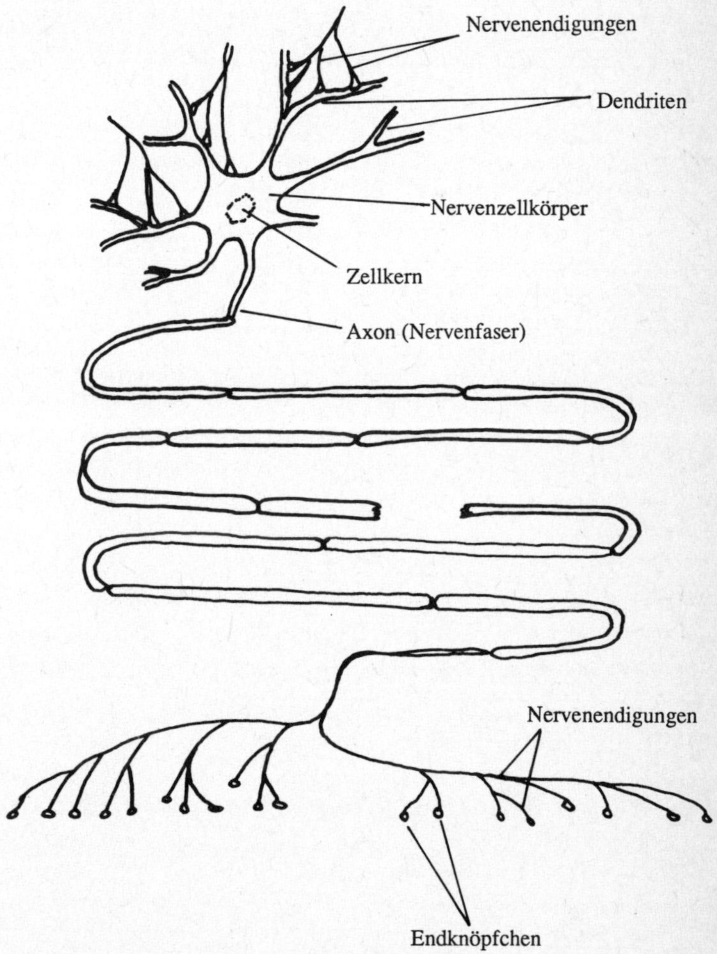

Wird nun solch eine Synapse mit dem Elektronenmikroskop um ein Vielfaches vergrößert, sehen wir eine Ansammlung von Bläschen, den *Vesikeln*, die *Neurotransmitter* enthalten, eine bio-chemische Trägersubstanz.

Neurotransmitter spielen bei der Entwicklung und Behandlung einer Depression eine wichtige Rolle. Es sind uns ca. hundert verschiedene Transmittersubstanzen im Gehirn bekannt, davon stehen drei u.a. eng mit der Entstehung einer Depression im Zusammenhang. Diese drei sind: *Serotonin, Noradrenalin* und *Dopamin;* wobei Dopamin stärker bei der Schizophrenie Beachtung findet.[9]

Serotonin- und noradrenalinhaltige Synapsen sehen wir am meisten konzentriert in diesem Limbischen System.[10]

Wenn wir nun die Nachrichtenübermittlung noch einmal zusammenfassend betrachten, ergibt sich – wieder grob gesehen – folgendes Bild:

Die *Dendriten,* also dieses verzweigte Geäst, empfangen einen elektrisch codierten Impuls, den sie über das Axon, die Nervenfaser, weiterleiten. Wenn nun die positiv geladenen (Kalzium-)Ionen in den Pool dringen, in dem sich die Vesikel befinden, werden die kleinen Bläschen veranlaßt, bio-chemische Neurotransmittersubstanzen auszuschütten, die dann durch den kleinen Kanal über den Spalt zu dem Rezeptor der Nachbarzelle gelangen und hier wiederum einen Kanal durch die postsynaptische Membran öffnen für die ebenfalls positiv geladenen (Natrium-)Ionen, so daß das empfangene Signal als elektrischer Impuls wie bei einem Staffettenlauf weitergegeben werden kann. Hier sprechen wir von einer aktivierenden Funktion. Nachdem nun die »Nachricht« der Neurotransmitter von dem Rezeptor der Nachbarzelle empfangen wurde, kehren die Transmitter in ihren Pool wieder zurück.[11]

Solch eine Nachrichtenübertragung geht im Bruchteil von Sekunden vor sich und in einer derart dichten Folge, daß sowohl im Spalt, als auch im Lager, dem Pool, ständig Transmittersubstanzen vorhanden sind.

Bei einem zu niedrigen Neurotransmitterspiegel im synaptischen Spalt ist der bio-chemische Stoffwechsel im Körper gestört, wodurch eine Depression hervorgerufen werden kann.[12]

Durch zusätzliche Gaben bestimmter Substanzen kann jedoch

Abbildung 6 Synapse

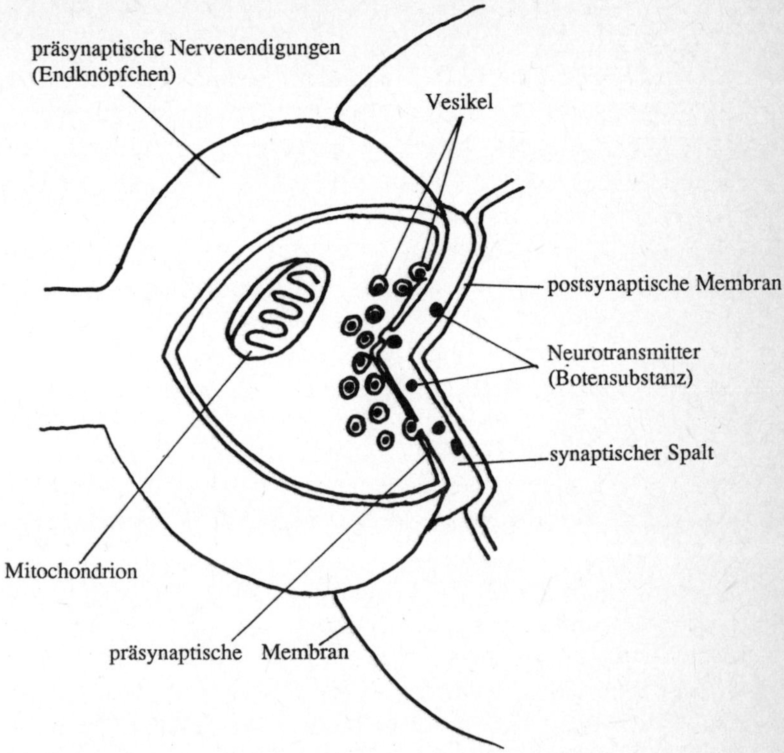

das bio-chemische Gleichgewicht wiederhergestellt werden. Doch darauf kommen wir in einem anderen Kapitel noch zurück.

An einem Neuron, also einem Nervenzellsystem, das aus Nervenzelle, dem Dendritengeäst und dem Axon, der Nervenfaser, besteht, können bis zu 10 000 Synapsen sein, die von hundert und mehr verschiedenen Nervenzellen stammen können.[13] In ihrer jeweiligen Funktion sind die Synapsen gegensätzlich: entweder anregend oder aber hemmend. Doch beide arbeiten nach dem gleichen Prinzip. Die aktivierende *(exzitatorische) Synapse* haben wir oben beschrieben.

Die hemmende *(inhibitorische) Synapse* mit den flachen Vesikeln entläßt aus ihrem Pool hemmende Neurotransmitter als Vermittler, die sich wiederum mit ihrem speziellen Rezeptor der Nachbarzelle verbinden, wodurch ein Ionenkanal frei wird, dessen Durchmesser jedoch kleiner ist, so daß es den großen Natrium-Ionen nicht möglich ist, einzuströmen. Durch das Ausströmen der positiven Kalium-Ionen und Einströmen der negativen Chloride-Ionen verstärkt sich die negative Ladung in der Zelle auf der postsynaptischen Seite, was zu einer Hemmung der elektrischen Ladung führt.[14]

Eine Nervenzelle, die von vielen Synapsen Impulse erhält, wird also von der einen Synapse aktiviert und dadurch veranlaßt, einen Impuls auszusenden, und zugleich von einer anderen Synapsenbewegung gehemmt, was zu einer Behinderung führt. Erst dann, wenn die aktivierende Synapsenbewegung wesentlich stärker ist als die Hemmung, entsendet die Nervenzelle ein Signal nach dem Alles-oder-Nichts-Prinzip, d. h. der Reiz muß eine bestimmte Stärke erreichen, um eine Reaktion auszulösen. Die Reaktion aber bleibt konstant.

Das alles ist ein unvorstellbar komplexer Vorgang. Und wenn wir bedenken, daß gleichzeitig von unzähligen Kontaktstellen Impulse ausgehen, wobei es beinahe wie Rivalität anmutet, die zwischen den einzelnen Synapsen besteht, ahnen wir, daß dieses gesamte Schaltsystem des Zentralen Nervensystems mit seinen vielen Milliarden Verbindungen uns Menschen noch immer ein Geheimnis ist. Und diese Leiterfunktion ist nur eine Funktion der Nervenzellen. Darüber hinaus haben sie noch viele andere Aufgaben zu erfüllen, bis hin zur Herstellung von Hormonen, so daß sie zu den aktivsten Zellen des gesamten Organismus gehören.

Jede Bewegung – und sei sie noch so unscheinbar – löst eine unübersehbare Vielfalt von kompliziertesten Schaltungen aus und ist zugleich Ergebnis solcher Schaltungen. Erst in dem Augenblick, in dem die Bewegungen nicht mehr funktionieren oder Schmerzen auslösen, wird uns bewußt, wie selbstverständlich wir das Funktionieren unseres Körpers hingenommen haben. Eine Handbewegung – ein Augenzwinkern – ein Lächeln – die Bewegung der Zunge – ein Schritt – tausend und abertausend Schaltungen waren erforderlich, die alle fast gleichzeitig erfolgen.

Wenn wir heute von Computern hören, die in einem Bruchteil von Sekunden Informationen speichern und verarbeiten können, stehen wir fassungslos vor dieser Fähigkeit – und vergessen nur zu leicht, daß es menschliche Gehirne waren, die solch einen Computer entworfen haben. Und dieser Computer kann nur wiedergeben, was ihm durch ein menschliches Gehirn eingegeben wurde. Das menschliche Gehirn jedoch übertrifft auch den fortgeschrittensten Computer um ein Vielfaches. Es ist von einer Perfektion und Vielseitigkeit, wie sie von keinem Computer je erreicht werden kann. Ein ganzes Universum – in der Größe einer relativ kleinen Kugel.

So hat Gott jedem Menschen ein Instrument von unschätzbarem Wert anvertraut mit Möglichkeiten, die menschliche Weisheit nicht ausloten kann.

4. Rechtes und linkes Gehirn

Wenn wir einen Menschen betrachten, stellen wir fest, daß sein Körper im Ganzen gesehen paarig angelegt ist mit einer rechten und einer linken Hälfte.

Auch das Gehirn besteht aus zwei Halbkugeln, den sogenannten Hemisphären, die durch eine breite Nervenfaserplatte, den *Balken* oder *Corpus callosum* (s. Abb. 1), miteinander verbunden sind, wobei die rechte Hälfte die Wahrnehmungen aus dem linken Umfeld verarbeitet und die linke die Informationen aus dem rechten Umfeld aufnimmt. Die beiden Halbkugeln haben aber nicht unbedingt auch die gleiche Funktion. Zwar besteht durch den Balken eine sehr enge Faserverbindung zwischen den beiden Hemisphären, und damit ein reger Austausch (Wissenschaftler sprechen von 200 Millionen Faserverbindungen, wobei eine Verbindung pro Sekunde 20 Impulse ausstrahlt), doch beobachten wir eine unterschiedliche Aktivitätsaufteilung.[15]

Die Asymmetrie der beiden Gehirnhälften beschäftigt in zunehmendem Maße die Gehirnforscher. Frage auf Frage erhebt sich: Gibt es Menschen, deren rechte Hemisphäre stärker beansprucht wird als die linke? Gibt es kulturelle Unterschiede? Spielt die Erziehung eine Rolle, wodurch die eine oder andere Hemisphäre bevorzugt wird, so daß durch das Training im kritisch-analytischen Denken des Westens die linke Hälfte stärker beansprucht wird, während im Osten vorwiegend das ganzheitliche, intuitive Erfassen gefördert wird und damit die rechte Gehirnhälfte vorrangig ist?[16]

Intellektuelle Fähigkeiten wie Denken, Sprechen, Lesen, Schreiben, Rechnen, auch der Zeitbegriff, werden der linken Hemisphäre zugeordnet, während in der rechten das Verständnis für Kunst und intuitives Aufnehmen, schöpferisches Ur-Denken, Phantasie und Musik auch Raumvorstellung vermutet wird. Ebenso neigen einige Forscher dazu, in der rechten Hemisphäre das Unbewußte zu suchen, was in der Psychologie eine so große Rolle spielt. Auch Träume sollen von der rechten Hemisphäre stärker beeinflußt werden.[17]

Liegt der Akzent der linken Hälfte mehr auf dem objektiven Differenzieren, also dem analytischen Denken und rationalen Erkennen, so zeichnet sich die rechte Hälfte durch subjektives Wahrnehmen und bildhafte Vorstellung aus.

Untersuchungen haben ergeben, daß bei der überwiegenden Mehrheit der Menschen die linke Gehirnseite dominant ist. Vereinfacht ausgedrückt: Das, was die rechte Kopfhälfte an Phantasie produziert, wird von der linken gedeutet, rationalisiert und dann genehmigt – oder verworfen, d.h. korrigiert.

Wenn nun die Kommunikation zwischen den beiden Gehirnhälften gestört ist, kommt es zu einer Disharmonie innerhalb der Persönlichkeit. Wird – beispielsweise bei besonderen Operationen – der Balken und damit die Verbindungskabel der beiden Halbkugeln getrennt, arbeiten beide Hälften noch unabhängig voneinander weiter, aber es ist keine direkte Abstimmung zwischen den beiden Hemisphären mehr möglich; sie sind zwar durch tieferliegende Schichten miteinander verbunden, doch die enge Kommunikation wurde unterbrochen. Dadurch ist der Betreffende nicht in der Lage, das, was die rechte Hemisphäre empfangen hat, auszudrücken. Denn wenn die Kommunikation zwischen den beiden Gehirnhälften unterbrochen ist, weiß die linke Hälfte buchstäblich nicht, was in der rechten geschieht und kann daher auch nicht zum Ausdruck bringen, was sie sieht, und umgekehrt. Aber beide Hemisphären sind in der Lage, Emotionen, die über das Limbische System zur Großhirnrinde gelangen, zu koordinieren. Auch das ungeschädigte Gehirn kann jedoch in Verwirrung geraten, wenn nämlich die linke Hemisphäre mit der rationalen Verarbeitungsweise eine Botschaft wahrnimmt und die rechte mit dem intuitiven Schwerpunkt eine andere Botschaft empfängt, entsteht hier ein Ungleichgewicht, das zu einer emotionalen Verstimmung führt, obwohl der »Balken« funktionsfähig ist.[18]

So wurden beispielsweise Menschen untersucht, die eine »doppelte Botschaft« erhielten, also verbal eine Botschaft empfingen, die durch Gesten und Mimik wieder aufgehoben wurde. Wurde diesen Menschen etwa durch Worte mitgeteilt, »du darfst bleiben«, mit dem Tonfall der Stimme und der Mimik jedoch zu verstehen gegeben, daß ein Bleiben nicht erwünscht war, rief diese gespaltene Mitteilung ein Unbehagen hervor.

Die verbale Botschaft wurde von der linken Hemisphäre empfangen und verarbeitet, Bild und Ton jedoch von der rechten Hemisphäre aufgenommen. Hatte die linke die Botschaft vernommen »du darfst«, erkannte die rechte aus Ton und Gestik »du darfst nicht«. So entstand zwischen den beiden Hälften eine Disharmonie. Dieses gestörte Gleichgewicht wiederum löste Unbehagen und eine allgemeine Verstimmung aus.[19]

Ein Ungleichgewicht zwischen den beiden Hemisphären kann auch durch ein überstarkes Problembewußtsein hervorgerufen werden oder eine überdimensionale Angstvorstellung. Die Phantasie kann dabei derart wuchern, daß die linke Hemisphäre die Kontrollfunktion verliert, als wäre durch die Überaktivität der rechten der Zugang zur linken Hemisphäre, wenn nicht blockiert, so doch erschwert.

Als Hypothese wäre nun denkbar – und einige Forscher vertreten bereits diese Ansicht –, daß in dem Augenblick, wo es gelingt, diese diffuse Angstvorstellung zu verbalisieren, eine Kontrollfunktion der linken Hemisphäre besser gewährleistet ist. Gelingt es also, das, was sich in der rechten Hemisphäre an Phantasie aufgebauscht oder an Angst und Aggression angestaut hat – und teilweise ins Unterbewußte verdrängt wurde –, auszusprechen, also nicht nur in Gedanken wieder und wieder umzuwälzen, so könnte die irrationale Vorstellung über die Sinnesnerven – in dem Fall über das Ohr – zur linken Hemisphäre gelangen, um dort analysiert zu werden. Damit ließe sich erklären, daß etwas, das wir ausgesprochen haben, uns nicht mehr so belastet; vielmehr fällt es leichter, sich davon zu distanzieren.[20]

5. Das Geheimnis Mensch

Wenn wir das Gehirn in verschiedene Funktionen aufteilen, stellen wir fest, daß eine Dimension fehlt: die Seele oder der Geist. Sind Seele und Geist verschiedene Aspekte? Sind Körper und Seele zusammengefügt und auch wieder zu trennen? Die Hirnforschung kann hierauf keine Antwort geben. Sicher ist, daß die geistigen und seelischen Äußerungen eines Menschen an ein funktionierendes Gehirn gebunden sind.

Wir können motorische Nervenbahnen und auch die einzelnen Sinnesbahnen zurückverfolgen und in der Großhirnrinde genau lokalisieren. Auch Primäremotionen wie Behagen und Unbehagen, Lust und Unlust können in etwa bestimmt werden. Doch sobald diese Emotionen über das rein Körperliche hinausgehen und sich mit dem Geistigen verbinden, lassen sie sich nicht mehr lokalisieren. Freude, Traurigkeit, Vertrauen, Hoffnung, Sehnsucht – all diese höheren Gemütsbewegungen lassen sich nirgends einordnen.

Wir wissen zwar, daß sich unser Sprachzentrum auf der linken Hemisphäre befindet – zumindest ist das bei 98 % der Menschheit der Fall – doch kann durch elektrische Reizung noch keine Sprache hervorgerufen werden, so daß wir uns fragen: Wer ist dieser große Unbekannte, der überall in uns gegenwärtig ist und doch nicht greifbar wird. Der wachsam beobachtet, sich erinnert, kombiniert, leidet, sich freut, der voller Angst sich zurückzieht oder die Angst überwindet; der Vergangenes analysiert und auf Zukunft programmiert?

Keiner noch so präzisen Technik ist es bisher gelungen, das Wesen Mensch ausfindig zu machen. So gibt die Suche nach dem Ich, dem Kern der Persönlichkeit, der Wissenschaft noch immer Rätsel auf.

Die Philosophen neigen mal zu der einen, dann wieder zu einer anderen Vermutung. Und die medizinische Wissenschaft tendiert dahin, den Sitz der Persönlichkeit in einem Teil des Gehirns zu suchen. Doch keine Sektion konnte bis heute diese Vermutung bestätigen, so daß selbst führende Forscher eingestehen müssen: Wir wissen es nicht. In keiner Anatomie wurde je auch nur eine Spur gefunden. Und doch ist der Geist gegenwärtig.

Wer oder was ist diese unsere Persönlichkeit, wo hat das Ich seinen Sitz, ja, was macht das Wesen eines Menschen aus?

Dieses geheimnisvolle, rätselumwobene Wesen verfügt über die Fähigkeit, einen Computer kompliziertester Art meisterhaft zu bedienen, zu programmieren, zu kombinieren, zu speichern und wieder abzurufen – doch selbst läßt es sich nicht auf dem Bildschirm projizieren und nicht in mathematischen Formeln erfassen. Es bedient nicht nur ein Instrument, das jegliches Vorstellungsvermögen übersteigt, sondern verbindet sich zugleich mit ihm, ohne seine Eigenständigkeit aufzugeben.

Alle Aussagen, die hier eine Erklärung suchen, sind rein spekulativ; zugleich befinden wir uns an einer Schwelle, die zu überschreiten uns verwehrt ist. Doch noch immer ist es die Neugier des Menschen, die ihn treibt, von der verbotenen Frucht des Paradieses zu naschen, die Gott in seiner Weisheit dem Menschen vorenthalten hat, bis der Tag kommt, an dem Gott selbst den Vorhang zurückzieht. Dann werden wir erkennen »wie wir selbst erkannt sind« (1. Kor. 13,12). Die heute so modern gewordenen und überall lockenden Gedanken des New Age sind im Grunde so alt wie die Menschheit selbst. Und bis heute bringen sie nichts als Verwirrung und öffnen zudem ein Tor für fremde Mächte, über die dann der Mensch keine Kontrolle mehr hat. Das Wesen Mensch aber bleibt ein Geheimnis, das auch durch Meditationsübungen nicht ergründet werden kann.

Trotz aller psychologischen Erkenntnisse beobachten wir heute immer häufiger, daß ein Mensch an sich leidet, weil er sich selbst nicht mehr versteht und sich nicht mehr »in den Griff« bekommt. Nehmen wir als Beispiel den Schreiber des Tagebuchs. Als hätte dieses Ich die Kontrolle über sich verloren. Wie bei einem mißglückten Computerprogramm wollen wir daher jetzt auf Fehlersuche gehen . . .

II. Der Ausnahmezustand

A. Wie kommt es dazu?

1. Streß – die Gefahrenquelle Nr. 1

Durch unsere leistungsorientierte Gesellschaftspolitik werden unsere Nerven beinahe ständig in Erregung gehalten, so daß es irgendwann zu einer Überbeanspruchung kommen kann.

Wenn wir uns jetzt noch einmal die Nachrichtenübermittlung unseres Gehirns vor Augen halten, würde das bedeuten: Das vegetative Nervensystem signalisiert Alarm aufgrund einer Überbeanspruchung.

Schon taucht die Frage auf: Waren die Menschen früher weniger Streßfaktoren ausgesetzt als wir heute?

Sicherlich konnten sich vor 80 Jahren nur die wenigsten Menschen einen Urlaub leisten. Aber wenn wir dann sehen, wie Menschen heute ihren Urlaub verplanen, wundern wir uns nicht, daß der menschliche Organismus streikt.

Überall Hektik. Alles ist in Bewegung. Flugzeuge tragen uns in wenigen Stunden von einem Kontinent zum anderen. Autos zischen an uns vorbei – wir wieder an anderen.

Eine Sekunde Unaufmerksamkeit kann schon das Leben kosten. Der Streß auf den Straßen verlangt dem Nervensystem das Äußerste ab.

Streß am Arbeitsplatz. Überall werden Spitzenleistungen erwartet, wobei Teilaspekte überbeansprucht und andere Bereiche vernachlässigt werden. Nur selten arbeitet der Mensch noch ganzheitlich. Vielmehr werden spezielle Funktionen verlangt. Doch wenn kein entsprechender Ausgleich geschaffen wird, kann solch eine einseitige Dauerbelastung Probleme nach sich ziehen.

Streß vor den Computern. Die Bilder zucken und überschlagen sich, daß unser Auge kaum folgen kann.

Streß in den Kaufhäusern. Wobei der Mensch zur Masse wird. Und überall Geräusch. Bis in die verborgensten Winkel. Nirgends ein Ort, an dem der Organismus sich entspannen kann.

Und wenn der Mensch in den eigenen vier Wänden Gelegenheit dazu hätte, liefert das Fernsehen neue Streßfaktoren, so daß ein ruhiger, geordneter Gedankenablauf einfach nicht möglich ist. Der Mensch sucht »action«, um der Lebenslangeweile zu entfliehen. Er weiß mit sich selbst nichts mehr anzufangen. Er ist darauf angewiesen, daß man ihm etwas bietet. So ist die Versuchung groß, von einem Programm zum anderen zu schalten, um alles gleichzeitig aufnehmen zu können, aus Angst, etwas zu versäumen. Das aber bedeutet Streß. Und nicht selten kommen zu den äußeren Streßfaktoren noch die inneren hinzu.

Da ist zunächst die seelische Belastung.

2. Starke emotionale Belastung

Auch eine emotionale Belastung bedeutet Streß.

Denken wir an einen Verlust. Dieser Verlust kann so einschneidend sein, daß der Betroffene dekompensiert, d.h. er ist nicht mehr leistungsfähig. Wir unterscheiden zwischen einem realistischen und einem unrealistischen Verlust. Die Auswirkungen aber sind letztlich gleich.

a) Realistischer Verlust

An erster Stelle ist hier der *Tod* zu nennen, dieser unwiederbringliche Verlust, vor allem der Tod eines Kindes oder des Partners. Die veränderte Situation des Alleinseins. Die Zukunft ist wie ein unüberwindbarer Berg. Hinzu kommt das veränderte Verhalten der Mitmenschen, sobald die erste Welle der Anteilnahme vorbei ist. Das Erwachen. Die Realität mit ihren tausend Fragen, vor denen der Zurückgebliebene jetzt allein steht. Da ist niemand, der mit-denkt, niemand, der mit-trägt.

Vielleicht kam dieser Abschied völlig unvorbereitet. Der Zerbruch der Träume. Zerbruch der langgeschmiedeten Pläne. Die Verantwortung für die – vielleicht noch unmündigen – Kinder. Alle Entscheidungen müssen jetzt allein getroffen werden. Solch eine Umstellung kann einen Menschen derart hart treffen, daß er daran zerbricht.

Doch nicht nur der Tod des Partners bedeutet Streß, auch Verlust durch *Scheidung* fordert eine vermehrte Anpassung. Und heute haben wir es weitaus häufiger mit einem freiwilligen Auseinandergehen zu tun. Aber selbst dann, wenn eine Scheidung mit gegenseitigem Einverständnis vollzogen wird, kann solch eine Trennung der Grundstein für eine Dekompensation werden.

Vielleicht ist es dem Betreffenden zunächst gar nicht bewußt. Durch immer neue Auseinandersetzungen wurde er seit Jahren in Atem gehalten, so daß die Scheidung zunächst wie eine Erleichterung aussieht. Endlich allein. Aber wenn dann eine gewisse Zeit verstrichen ist, erscheinen die vergangenen Jahre unter Umständen in einem ganz anderen Licht.

Es mag sein, daß jetzt Selbstvorwürfe hinzukommen. Das Bewußtsein, versagt zu haben. Das Schuldgefühl den Kindern gegenüber.

Vielleicht war eine neue Beziehung Grund der Trennung. Und plötzlich merkt man, daß auch diese Verbindung nicht das bringt, was man sich erhoffte. Die Enttäuschung. Die Verbitterung. Gegen wen soll man die Waffe richten?

Nicht nur die Trennung vom Partner bedeutet für einen Menschen Streß, auch die *Trennung von den Eltern* kann zu solch einer Belastung werden, daß jemand dadurch die Orientierung verliert. Vor allem dann, wenn es sich um eine konfliktreiche Beziehung handelte, so daß der Zurückgebliebene gedanklich noch immer nach einer Problemlösung sucht. Dieser innere Kampf der Gedanken kann schließlich zu einem Ausnahmezustand führen.

Ein Mensch kann für einen anderen Stabilität bedeuten und Sicherheit und damit Geborgenheit, aber auch der *Ort* und das, was einer als *Heimat* bezeichnet, hat für einen Menschen eine große Bedeutung. Heißt es plötzlich, sich davon zu lösen, kann ein Mensch derart von Panik erfaßt werden, daß er total versagt.

Ich erinnere mich an ein Ehepaar in den mittleren Jahren. Sie hatten seit Beginn ihrer Ehe auf ihr neues Heim hin gelebt. Jeder Pfennig wurde zur Seite gelegt und jede freie Stunde dafür investiert. Und endlich war der langersehnte Tag gekommen, an dem sie in ihr eigenes Haus einziehen konnten. Es war ihrer beider Traumhaus auf einem großen Grundstück mit einem weiten Blick. Am Tag des Umzugs vollzog sich in der Frau eine Veränderung. Zunächst hatte der Mann das veränderte Verhalten mit der Überbelastung durch den Umzug in Zusammenhang gebracht. Aber auch Wochen, nachdem sie sich neu eingerichtet hatten, besserte sich nicht der Gesundheitszustand. Die Frau befand sich in einer absoluten Panikverfassung. Sie weinte und grübelte und fand sich einfach nicht mehr zurecht. Sie hatte nur noch den einen Gedanken: Zurück. Zurück zu dem Vertrauten. All die Klagen, die sie zuvor so oft anbrachte, waren vergessen. Der alte Zustand schien weitaus begehrenswerter zu sein. Sogar die Mieter, über die sie sich sonst so leidenschaftlich beklagt hatte, sah sie plötzlich mit anderen Augen. Der Mann war völlig ratlos. Was sollte er tun? Einige Wochen später verkauften sie ihr Haus und zogen in ihre alte Mietwohnung zurück.

Dieses Beispiel schildert nicht etwa eine extreme Ausnahmesituation. Dekompensation im Zusammenhang mit einem Umzug, also einem Ortswechsel, ist ein ganz bekanntes Phänomen. Mir sind etliche Menschen bekannt, die jedesmal nach einem Umzug depressiv wurden.

Jeder Wechsel löst gewisse Schwierigkeiten aus, die mit einer mangelnden Anpassung zusammenhängen. Solch eine Anpassung braucht Zeit. Bei dem einen mehr, bei einem anderen weniger.

Dieser oben genannten Frau war einfach die Anpassung an die neue Umgebung nicht gelungen. Vermutlich jedoch wäre auch für sie früher oder später der Tag gekommen, an dem sie neu Wurzeln hätte schlagen können. Aber der Panikzustand war so akut geworden, daß der Mann es nicht wagte, seine Frau noch länger mit dieser Situation zu belasten. Er hatte Angst, sie ganz zu verlieren.

Eine andere Voraussetzung, von der ein Mensch seine ausgeglichene Stimmung abhängig macht, ist die *Gesundheit.* Gesundheit ist ein Zustand, den man als selbstverständlich hinnimmt – bis er an irgendeiner Ecke zu bröckeln anfängt. Plötzlich wird es einem Menschen bewußt, daß er seine Zukunft mit dieser nicht im voraus berechenbaren Größe geplant hat. Wie viele Menschen gibt es, denen durch einen unvorhergesehenen Krankheitsausbruch alle Zukunftspläne durchkreuzt wurden. Auch die Folgen eines schweren Autounfalls können einen Menschen völlig verändern, so daß er sich selbst als fremd erlebt.

Ein weiteres Verlusterlebnis wäre *materieller* Art. Selbst in dem Wohlfahrtsstaat Bundesrepublik gibt es Menschen, die sich in einer Existenzkrise befinden – zwar durch Pflichtversicherung abgesichert, aber dennoch ver-un-sichert.

Ich denke an eine alte Bäuerin. Nachdem ihr Mann nicht mehr aus dem Kriege zurückgekehrt war, hatte sie die Landwirtschaft allein geführt. Da ihre Ehe kinderlos geblieben war, hatten sie ein Kind adoptiert, das später einmal den Hof erben sollte. Mit sechzehn Jahren geriet dieser Sohn in schlechte Gesellschaft, so daß er nicht nur in die Drogenszene gezogen wurde, sondern sich auch in zweifelhafte Geschäfte einließ, mit dem Ergebnis, daß er Schulden machte, die er nicht mehr bezahlen konnte. Die Folge war, daß der Hof versteigert werden mußte, um die hohen Schulden zu bezahlen. Nun hatte die Bäuerin nicht nur ihren Mann, sondern auch Haus und Hof verloren. Verlust des Partners. Verlust des Besitzes. Zerbruch der Träume. Und als Ergebnis: Hoffnungslosigkeit. Die Folge: Dekompensation.

b) Unrealistischer Verlust

Immer wieder begegnen uns Menschen, die leiden an einem Verlust, der noch nicht erfolgt ist, sondern irgendwann – vielleicht – eintreffen könnte. Obwohl also dieser Verlust überhaupt noch nicht gegenwärtig ist, kann der Gedanke daran sie völlig beherrschen. Ja, der Betreffende steigert sich so sehr in seine Befürchtung hinein, daß für ihn praktisch kein Unterschied besteht zwischen Realität und Phantasie.

So kann sich beispielsweise ein Arbeitnehmer seine Befürchtung, den Arbeitsplatz zu verlieren, in seiner Phantasie derart ausmalen, daß all sein Denken nur noch um diese Möglichkeit kreist. Die Angstvorstellung kann ihn so sehr gefangen nehmen, daß er krank wird. Hier haben wir es mit einem eingebildeten Verlust zu tun.

Wenn man bedenkt, wie viele Menschen sich jahrelang quälen und von dem Gedanken total beherrscht werden, etwas zu verlieren, was sie aber in Wirklichkeit noch besitzen, so wird die Unsinnigkeit deutlich, mit der hier Menschen ihre Kraft blockieren, die sie ganz anders einsetzen könnten.

Der befürchtete Verlust drückt häufig Angst vor Trennung aus. Sei es die Trennung von einer Aufgabe oder einem Menschen oder auch von der eigenen Gesundheit.

Da ist eine Frau, Ende fünfzig. Seit Jahren lebt sie in einer panikartigen Angst, an Krebs zu erkranken. Diese Befürchtung ist für sie so real, daß sie bereits zu einer Überzeugung wurde. Wie ein Wahn. Kein Arzt ist in der Lage, ihr anhand von Untersuchungsergebnissen diesen Verdacht auszureden. Sie steigert sich derart in ihre Angstvorstellung hinein, daß sie einfach nicht mehr fähig ist, sich ungeteilt ihrer Familie zu widmen. Zwanzig Jahre quälte sie sich mit ihrer Befürchtung. Tag für Tag. Umsonst. Zwanzig vergeudete Jahre, die sie so viel besser hätte nutzen können.

Rückblickend erkennt sie zwar heute, daß all ihre Angst unnötig war. Daß sie zwanzig Jahre umsonst gezittert hat. Doch jetzt, glaubt sie, sei die Wahrscheinlichkeit, an Krebs zu erkranken, noch viel größer. So zittert sie weiter. Noch einmal zwanzig Jahre?

Inzwischen sind ihre Kinder erwachsen geworden, und sie merkt, daß sie ihr immer mehr entgleiten. So kommt zu dem befürchteten Verlust der Gesundheit ein tatsächlicher Verlust, nachdem die Kinder das Haus verlassen haben. Und zugleich wird dieser Mutter bewußt, daß sie älter geworden ist und weniger attraktiv. So wird ein neuer Verlustpunkt hinzugezählt: Verlust der Jugend.

Vermeintlicher Verlust vermischt sich mit tatsächlich erlittenem Verlust.

Als dann noch ihr Mann pensioniert wurde und sie die Dienstwohnung aufgeben sollten, um in einer benachbarten Stadt sich neu einzurichten, kam es zu einer Dekompensation. Sie hatte keinen Appetit mehr. Sie saß nur noch da und weinte. Konnte auch nicht mehr richtig schlafen. Sie klagte über Herzbeschwerden und Magenschmerzen. Ärzte diagnostizierten eine »reaktive Depression im Rückbildungsalter«.

Viele Dekompensationen gehen auf einen Verlust zurück. Verlust in irgendeiner Form.

Da gilt es, neue Wertmaßstäbe zu setzen. Einen neuen Lebensinhalt zu finden, der nicht vom Dollarkurs abhängig ist.

c) *Konflikte in Ehe, Familie und Beruf*

Nicht nur ein Verlust kann Auslöser eines Ausnahmezustandes werden. Bei manch einem genügen schon lang anhaltende Konflikte. Der unterschwellige Konflikt, der sich über Jahre hinzieht und nie wirklich zum Ausdruck gebracht wurde. Oder auch die täglichen Konfrontationen, die so viel Energie verbrauchen, daß die Widerstandskraft schließlich nicht mehr ausreicht.

Vor allem eine *nicht harmonische eheliche Beziehung* stellt eine akute Gefährdung dar, wobei die sexuelle Verbindung wie ein Gradmesser ist, der den psychischen Gesundheitszustand verrät.

Sexualität außerhalb der Ehe bewirkt massive Konflikte. Aber auch innerhalb der Ehe schafft sie tiefgreifende Probleme, wenn sie nicht eingebettet ist in ein liebendes Sich-angenommen-Wissen. Wo die Sexualität isoliert wird, ist sie wie ein schwelender Brand, der jede gesunde Beziehung unmöglich macht.

Und wo die Beziehung zwischen den beiden Partnern, zwischen Mann und Frau, nicht funktioniert, übertragen sich diese Spannungen auch auf die Kinder, so daß das *Familienleben belastet* ist: eine Kettenreaktion, wobei ein Problem das andere nach sich zieht. Die Familie droht auseinander zu brechen. Und dieser Belastung ist manch einer nicht mehr gewachsen.

Neben den Familienkonflikten stehen die *Konflikte im Beruf*. Für viele Menschen bedeutet der Beruf Sicherheit. Wenn einer jetzt erleben muß, daß jüngere Kollegen mehr gefragt sind, kann das zu einem großen Problem werden. Natürlich kann einer die Tatsache als solche rein theoretisch akzeptieren. Doch in der Praxis gelingt das den wenigsten. Da will einer noch einmal alles aufbieten, um zu beweisen, daß er noch Schritt halten kann, oder er will es beweisen, daß er sogar dem Jüngeren überlegen ist. Oder – er resigniert. Äußerlich fügt er sich der Tatsache. Aber innerlich kämpft er weiter. Er kämpft solange, bis dieser Gefühlsstau sein ganzes Verhalten prägt.

Sind Männer stärker mit dem Beruf verbunden, so sind Frauen im Blick auf die Kinder besonders verwundbar. Vor allem, wenn die Kinder für sie Lebensinhalt bedeuten.

Familienkonflikte, sexuelle Probleme, Schwierigkeiten unter Kollegen – all das sind psychische Streßfaktoren, die zu einer Dekompensation führen können. Nicht selten kommen dann noch körperliche Belastungen hinzu.

3. Starke körperliche Belastung

Da ist zunächst die *organische Krankheit* zu nennen. Schon ein relativ harmloser Infekt kann den gesamten Organismus derart schwächen, daß Gedrücktheit und Müdigkeit zurückbleiben, die unter Umständen Monate anhalten. Ältere Menschen sind hier in besonderer Weise betroffen.

Aber es gibt auch Medikamente, die bei Dauerbehandlung als Begleiteffekt eine Depression auslösen können. So kann beispielsweise *Reserpin*, das bei Bluthochdruck mit Erfolg eingesetzt wird, zugleich eine depressive Phase einleiten. Dasselbe gilt für die *»Pille«*, die viele Frauen zwecks Empfängnisverhütung einnehmen. Auch der Mißbrauch durch *Drogen* und bestimmte *Stimulantien* wirkt sich negativ auf das psychische Gleichgewicht aus. Es ist ein Irrtum zu meinen, sich mit *Drogen und Alkohol* über eine Verstimmung hinwegtrösten zu können. Die ohnehin schon labile Grundstimmung wird durch diese zusätzlichen Gifte noch mehr geschädigt, so daß sich eine chronische Gemütsverstimmung entwickeln kann, die dann früher oder später in eine Dekompensation mündet. Alle überstrapazierten Lebensgewohnheiten tragen die Gefahr in sich, dem Körper zu viele Reserven abzuverlangen, bis das Gleichgewicht eines Tages bei der geringsten zusätzlichen Belastung zusammenbricht.

An dieser kurzen Ausführung erkennen wir, daß verschiedene Faktoren zu einer *generellen Erschöpfung* führen können. Sicherlich kann auch ein Übermaß an körperlicher Arbeit zu einer Erschöpfung führen. Doch solange zusätzlich kein psychischer Druck vorhanden ist, kann ein Mensch viel verkraften, ohne daran zu zerbrechen. Ein körperliches Gefordertsein kann sich sogar positiv auf den gesamten Organismus auswirken. Weitaus verhängnisvoller ist der psychische Streß. Ein gut ernährter und gut trainierter Körper hat die Fähigkeit, selbst acht bis zehn Stunden am Tag zu arbeiten. Voraussetzung ist, daß er in der Nacht genügend Schlaf erhält, um sich wieder zu regenerieren, und daß ihm die Nahrung zugeführt wird, die er zum Aufbau braucht, damit Nerven und Muskeln mit den notwendigen Substanzen versorgt werden können. Und hier sind wir bei dem nächsten Problem, das heute bei vielen Menschen einen Ausnahmezustand auslöst: *die Ernährung.*

Über die Bedeutung der Ernährung haben wir in unserem Buch »Mit der Seele per Du« (R. Brockhaus Verlag) ausführlich geschrieben, so daß wir in diesem Rahmen darauf verzichten möchten. Nur so viel sei gesagt, daß kein Nahrungsmittel alle Vitamine und Mineralien enthält, die unser Körper braucht, daher sollte unsere Nahrung so »abwechslungsreich und natürlich wie möglich«[1] sein.

Wenn zu einem durch falsche Ernährung ohnehin schon geschwächten Organismus noch andere Streßfaktoren hinzu kommen – seien sie familiärer, finanzieller oder beruflicher Art –, kann es leicht zu einem Ausnahmezustand kommen. Da ist der gesamte Organismus nicht mehr in der Lage, sich anzupassen. Plötzlich kommt es zu einem Versagen auf der ganzen Linie, und zwar sowohl körperlich als auch emotional. Psychotherapeutisch spricht man dann von einem burn-out-Syndrom, als sei die Batterie leergelaufen, »ausgebrannt«. Sie hat keine Kraft mehr, den Motor in Gang zu setzen.

So sehen wir, daß es verschiedene Ursachen gibt, die zu einem psychischen Ausnahmezustand führen können.

Auch schuldhafte Verstrickung kann eine Dekompensation einleiten. Und damit sind wir bei dem nächsten Punkt:

4. Die Frage der Schuld

Durch die Loslösung vom religiösen Denkschema spielt die Schuld nicht mehr eine so zentrale Rolle wie noch vor wenigen Jahren. Dennoch konnte das Schuldbewußtsein selbst durch eine gezielt schuldneutrale Erziehung nicht ausgelöscht werden. Es ist wie ein Urwissen, das im Menschen schlummert. Das Wissen, daß er einem anderen, der größer ist als er selbst, Rechenschaft schuldet.

Nehmen wir als Beispiel den König David des Alten Testaments (2. Sam 11). Nach einem vollendeten Mord und Ehebruch glaubte er, sein Glück ungestört genießen zu können. Er hatte sich genommen, wonach ihn verlangte; mußte aber feststellen, daß dieses erzwungene Glück ein tödliches Gift in sein Leben brachte. Er versuchte zu tun, als sei alles in Ordnung. Denn war er nicht König? Wer sollte ihn daran hindern, das Leben zu genießen! Aber mit dieser Einstellung kam er nicht weit. Die Schuld quälte ihn, bis er es nicht länger ertragen konnte. Da wandte er sich an Gott:

»Ich wollte es verschweigen –
aber ich konnte nicht.
Wie Krebs fraß es in mir,
so daß ich stöhnte
Tag und Nacht.
Es war deine Hand, o Gott, die auf mir lag.
Mein Leben war wie abgeschnitten,
wie ausgedörrt durch die Gluten der Sonne.
Da bekannte ich dir meine Sünde,
und meine Schuld verbarg ich nicht.
Ich sprach: Dir will ich meine Übertretung bekennen.
Da vergabst du meine Schuld.« (nach Psalm 32)

Das Verharmlosen der Schuld schützt nicht vor den Konsequenzen.

Hier muß auch das Experimentieren mit allen nur denkbaren spiritistischen Praktiken genannt werden. Und in dem Maße, wie der Satanskult sich ausbreitet, sind auch Dekompensationserscheinungen zu erwarten, die auf das leichtfertige Spielen mit einer fremden Macht zurückzuführen sind.

Eine psychische Dekompensation oder ein Ausnahmezustand wird von bestimmten Symptomen begleitet, die wir hier näher betrachten wollen.

B. Psychische Symptome – aus der Nähe betrachtet

1. Angst

Angst ist primär ein Signal. Ein Alarmzeichen, das in gewissen Gefahrensituationen ertönt, um uns zu warnen. Solch eine Alarmeinrichtung unseres Körpers ist also durchaus positiv und kann unter Umständen sogar unser Leben retten.

Nehmen wir als Beispiel die Alarmanlage eines großen Hotels, die im Notfall Feuer signalisiert. Würde das Signal nicht ertönen, könnten die Gäste im Schlaf vom Feuer überrascht werden.

Angst ist ein natürlicher Instinkt im Menschen, der unserer Selbsterhaltung dient. Ohne Angst würden wir ungeschützt in Gefahrensituationen hinein laufen. Daher brauchen wir diese Warnanlage zu unserem Schutz.

Bei näherem Betrachten stellen wir fest, daß es sich bei der Angst um eine vorweggenommene Reaktion auf ein zukünftiges Ereignis handelt. Das Negative, das wir erwarten und auf das wir mit Angst reagieren, liegt in der Zukunft. Wobei wir nicht einmal sagen können, ob diese negative Erwartung auch tatsächlich eintrifft. Mehr als 90 % unserer Ängste sind ohnehin unbegründet. Trotzdem können wir die Angst nicht einfach abschalten. Sie ist da und macht sich oft quälend bemerkbar.

Wir unterscheiden zwischen realen und irrealen Ängsten. Zwischen krankheitsbedingten und erlernten. Es gibt Schuldangst und existenzielle Angst usw.

Auch ein Dekompensationszustand ist im allgemeinen von einem Gefühl der Angst begleitet. Diese Angst läßt sich nicht so leicht einkreisen. Manchmal ist sie nur wie ein dumpfes Unbehagen im Hintergrund. Und manchmal tritt sie ganz ungeschminkt zutage.

Angst ist wie ein wildes Tier. Wenn wir davonstürzen, holt es uns ein. Darum geben wir denen, die von Angst gequält werden, den Rat: »Wenden Sie sich um und blicken Sie der Angst ins Gesicht.« Wie das praktisch möglich ist?

Wenn wir uns an das Kapitel »Eine kleine Anatomie« zurückbesinnen, so haben wir folgendes Bild vor Augen: Ein Gefahrensignal wird empfangen und an das Limbische System weitergeleitet, das die Verbindung darstellt zwischen Großhirnrinde und Stammhirn. Von dort gehen Informationen über den Hypothalamus weiter an das periphere vegetative Nervensystem und über die Hypophyse an das Nebennierenmark, wo dann Adrenalin zur Ausschüttung gelangt. Dieses Hormon wirkt auch auf das vegetative Nervensystem ein. Es kommt zu den bekannten Phänomenen wie Schweißausbruch, Zittern, Herzklopfen, Harndrang, Mundtrockenheit usw.

Bei diesen Auswirkungen handelt es sich um eine natürliche Reaktion unseres Körpers, die daher nicht überbewertet werden sollte. Je mehr wir uns auf diese Symptome konzentrieren, desto quälender werden sie. Eine realistische Einschätzung der angstauslösenden Situation dagegen hilft uns, Wege aus dieser Lage zu finden.

Wenn die Angst einen bestimmten Grad erreicht hat, kann sie erfahrungsgemäß nicht mehr gesteigert werden. Sobald sie am Höhepunkt angelangt ist, flaut sie wieder ab. Wenn wir wissen, wie ein Mechanismus funktioniert, verliert er seine Schrecken. Ähnlich wie bei einem Gewitter.

Angst ist nichts Mystisches, sondern ein bio-chemischer Vorgang in unserem Körper.

2. Panik

Panik hat ihren Namen von dem griechischen Hirtengott Pan, der in der Kunst mit halb-tierischem Kopf dargestellt wird. Er galt als Sohn des Hermes. Die Sage berichtet, daß er sich gerne zu den Nymphen gesellte. Und als eines Tages die Nymphe Syrinx auf der Flucht vor ihm in Schilfrohr verwandelt worden war, habe sich Pan einige Rohre für seine Hirtenflöte abgeschnitten und damit in der sommerlichen Stille des Mittags unter der Herde »panischen« Schrecken verbreitet.[3]

Panik ist eine übersteigerte Angst, die nicht mehr vom Verstand kontrolliert wird. Sie kann sich in unkontrollierten Körperbewegungen äußern, sie kann sich aber auch innerhalb der Gedanken abspielen, so daß Gedanken und Gefühle gleichsam Amok laufen. Dann verkriecht sich der eine in Todesangst, und ein anderer rennt schreiend blindlings drauflos.

Bei einem Panikanfall kommt es vermutlich zu einer schubweisen Ausschüttung von Noradrenalin, bzw. Adrenalin, was wiederum zu einer Übererregung des synapthischen Nervensystems führt. Dadurch wird das psycho-physische Gleichgewicht gestört. Solch ein Panikanfall dauert nicht lange, in der Regel zwischen zwanzig Minuten und höchstens zwei Stunden. Sobald der Höhepunkt überschritten ist, löst sich der Anfall von selbst.[4]

In der Praxis ist es sehr hilfreich, wenn ein Dritter beruhigend auf diesen Menschen einwirkt. So wird der Betreffende eher von seinem Problem abgelenkt und fähig, eine angemessene Reaktionsweise zu wählen.

3. Fremdheitsgefühl oder Depersonalisationserlebnis

Im Verlauf eines psychischen Ausnahmezustandes kommt es häufig zu sogenannten Depersonalisationserscheinungen, einem Zustand, in dem der Betreffende sich selbst als unwirklich und fremd erlebt. Er steigt gleichsam aus sich selbst heraus, um neben sich zu treten und sich wie durch einen Nebelschleier zu beobachten. Er hört sich selbst reden, ohne das Gefühl zu haben, gegenwärtig zu sein, ja, ohne eigentlich zu wissen, was er redet. Fast erstaunt nimmt er sich wahr.

Je bewußter jemand dieses Fremdsein erlebt, desto mehr kann er innerlich mit Panik reagieren. Einige befürchten, im nächsten Augenblick ohnmächtig zu werden oder in irgendeiner Weise sich selbst zu entgleiten; andere haben Angst, in diesem Zustand etwas Unkontrolliertes zu sagen oder zu tun.

Auch dieser Zustand ist auf eine Übererregbarkeit des Nervensystems zurückzuführen. Es gibt Menschen, die leben tagelang in solch einem Nebelzustand, ohne zu ihrem eigentlichen Selbst zurückzukehren. Vereinzelt sogar kann sich solch ein Fremdheitsgefühl über Jahre hinziehen. Doch im allgemeinen geht diese Wahrnehmung nach wenigen Minuten, manchmal sogar bereits nach einigen Sekunden, wieder zurück. Sobald das Nervensystem zur Ruhe gekommen ist, verschwindet auch dieses Phänomen. Und je gelassener einer diesen Zustand zur Kenntnis nimmt, desto eher geht er vorüber.

Psychologisch wird solch ein Zustand gern als Flucht gedeutet. Und häufig ist er in der Tat Ausdruck einer unterschwelligen Angst. Die gegenwärtige Situation erscheint so schwierig, daß jemand nur in der Flucht noch einen Ausweg sieht. Er will die Realität nicht wahrhaben und versucht, sich selbst der Wirklichkeit zu entziehen.

Aber auch im Rahmen einer Erschöpfung wird ein Fremdheitszustand beobachtet. Weil alle Reserven im Körper aufgebraucht sind, kommt es zu einem »Generalstreik«, der alle Funktionen lahmzulegen scheint. Dieser »scheintote« Zustand kann für den Betreffenden sehr beängstigend sein, da er glaubt, die Steuerfunktion über sich selbst verloren zu haben.

Für viele ist es eine Hilfe, dieses Entgleiten sachlich zur Kenntnis zu nehmen und als Symptom einer Übererregbarkeit des Nervensystems zu deuten, zugleich aber die gewohnte Arbeit fortzusetzen.

Eine junge Frau erlitt wiederholt beim Autofahren einen derartigen Anfall, daß sie glaubte, nicht weiterfahren zu können. Dieser Zustand zeigte sich bevorzugterweise auf unbefahrenen Strecken. Instinktiv ahnte sie, daß das Problem nicht damit zu lösen war, wenn sie ihm aus dem Wege ging und in Zukunft das Autofahren ganz vermied. Dann würde die Angst an einer anderen Stelle zum Ausbruch kommen. Sie hatte bemerkt, daß dieser Zustand verschwand, sobald ihre Aufmerksamkeit durch ein anderes Ereignis von sich selbst abgelenkt wurde. Sie beobachtete interessiert das »Taubwerden der Gliedmaßen«, als wäre sie einem heimtückischen Feind auf die Spur gekommen. Zunächst versuchte sie, dieses Gefühl noch bewußt zu verstärken, dann fing sie an, laut zu singen, wie ein Kind, das sich vor dem dunklen Gang in den Keller fürchtet, und schließlich ignorierte sie die unangenehmen Symptome und setzte ihren Weg weiter fort.

»Seitdem ich weiß, daß es die Sprache meiner Angst ist, erschrekke ich nicht mehr davor, sondern tue, was ich zu tun habe.«

4. Zwangsgrübeln

Nicht weniger quälend als Angst und Panik ist der Zwang grübeln zu müssen. Wie mit magischer Kraft drehen sich die Gedanken um ein und dasselbe Thema.

Ein Grübeln über ein Thema hat nichts mit einer vernünftigen Auseinandersetzung zu tun, die zu einer Lösung führen könnte. Vielmehr wird das Problem selbst unentwegt hin und her gewendet. Das Problem als solches ist dann nicht ein Material, mit dem man arbeitet, aus dem man etwas gestalten könnte, vielmehr ist es wie ein Waten in einer Fäulnisgrube, ohne ans Ufer zu gelangen. Denn je mehr einer strampelt, desto tiefer versinkt er im Schlamm.

Oft ist es *ein* Gedanke, der wieder und wieder sich dreht. Und wenn es von außen gelingt, durch einen neuen Gedanken diesen Regelkreis zu durchbrechen, kehrt doch früher oder später der alte Gedanke zurück, um in derselben Weise sich weiter zu drehen. Häufig nach einem ganz bestimmten Schema.

Der Inhalt dieses Zwangsgrübelns bezieht sich entweder auf das, was ein anderer einem angetan hat, oder auf das, was man selbst getan, bzw. nicht getan hat. Als sollte durch das Grübeln das Rad der Zeit zurückgedreht werden. Solch ein Zwangsgrübeln wird vor allem bei einer depressiven Phase beobachtet.

Die meisten Forscher heute gehen davon aus, daß Zwangsgrübeln in einem hirnpathologischen Zusammenhang gesehen werden muß, das heißt: Hier wird eine funktionelle biologische Störung angenommen. Dann wäre dieses Problem also nicht immer rein psychologisch zu lösen, vielmehr medizinisch. Und in der Tat haben sich beispielsweise imipraminhaltige Antidepressiva bei Zwangsgrübeln durchaus bewährt. Andererseits aber können wir es erleben, daß, sobald der eigentliche Konfliktstoff aufgearbeitet werden konnte, auch der Zwang sich löste.

5. Hätte . . .

Ein Zwangsgrübeln hat oft einen bestimmten Gedanken zum Inhalt. Und dieser Gedanke ist: Hätte . . . Dieses kleine Wörtchen kann zu einer zwingenden Macht werden, die einen Menschen lähmt. Auch wenn der Betreffende ganz genau weiß, daß er die Vergangenheit nicht zurückholen kann und es somit einfach keinen Sinn hat, diese Überlegung fortzusetzen, ist er davon gefangen. Er bohrt und quält fast ohne Unterbrechung. Es ist wie ein heimlicher Bestrafungsmechanismus; denn solch ein Wiederholungsgedanke ist oft gekoppelt mit Selbstvorwürfen.

Da ist eine junge Mutter mit ihrem dreijährigen Kind, das darauf wartet, mit der Mutter zum nahegelegenen Spielplatz begleitet zu werden. Bis dahin hatte die Mutter der Kleinen stets verboten, alleine die belebte Straße zu überqueren. Doch an diesem Morgen war alles zusammengetroffen. Die Mutter fühlte sich krank. Sie hatte kaum geschlafen. Hinzu kam, daß soeben eine Nachricht eingetroffen war, die sie sehr entmutigt hatte. Und jetzt stand die Kleine vor ihr und drängte, diesmal alleine zum Spielplatz zu dürfen.

Zuerst wollte die Mutter nicht. Dann kam ein Telefonanruf, und während die Mutter noch sprach, drängte die Kleine weiter, so daß die Mutter schließlich unwillig abwinkte und sagte: »Dann geh schon!«

Wenige Augenblicke später erfuhr die Mutter, daß ihre Tochter von einem Auto erfaßt und schwer verletzt worden war.

Hätte – diese Überlegung richtete sich wie ein Schwert gegen die junge Mutter und stach Tag und Nacht. Immer dieselbe Szene. Dieselben Vorwürfe.

Hätte – wie viele Menschen quälen sich mit diesem Gedanken. Aber diese fünf kleinen Buchstaben bringen keine Lösung. Im Gegenteil, sie binden uns wie mit Stricken, so daß wir die Möglichkeiten, die uns noch verblieben sind, nicht wahrnehmen können.

Theoretisch mögen wir das vielleicht einsehen. Trotzdem versuchen wir mit aller Kraft, die Tatsache als solche zu verändern. Aber wir können die Realität dadurch nicht überlisten. Wir fügen uns selbst damit nur neue Wunden zu.

Vielmehr sollten wir fragen: Liegt in dem Heute, dem Jetzt, nicht eine neue Chance?

Wenn wir uns so stark von dem »Hätte« binden lassen, sind wir nicht fähig, die neue Herausforderung anzunehmen. So kann der zweite Schaden noch ärger sein als der erste.

6. Das Gefühl, wahnsinnig zu werden

Immer wieder höre ich von Menschen, die sich in einer besonderen Krisensituation befinden: »Ich habe Angst, wahnsinnig zu werden.« Oder sie berichten von dem Gefühl, an einer Grenze zu stehen: »Noch einen Schritt, vielleicht nur einen Millimeter weiter, und diese Grenze ist überschritten; die Grenze, die mich in den Abgrund des Wahnsinns stürzen läßt.«

Diese Angst ist unbegründet. Sie ist nichts anderes als ein Paniksyndrom, das zwar den Menschen in Schrecken versetzt, ihn aber nicht in den Wahnsinn treibt. In mehr als zwanzig Jahren meiner Tätigkeit ist mir noch kein Mensch begegnet, bei dem diese Befürchtung eingetroffen wäre.

Wahnsinn hat eine andere Wurzel und wird nicht durch Angst erzeugt. Eine psychotische Dekompensation kann durch äußere Streßfaktoren zwar begünstigt, jedoch nicht ursächlich hervorgerufen werden. Eine Psychose hat eine lange Vorbereitungszeit und unterscheidet sich von einer neurotischen oder auch depressiven Symptomatik durch ein anderes Krankheitsbild.

Wenn wir einem Menschen in seinem psychischen Tief diese Zusicherung geben, bedeutet das für ihn eine große Erleichterung und Entspannung. Generell kann gesagt werden: Wer Angst hat, wahnsinnig zu werden, wird es nicht.

In einem psychischen Ausnahmezustand sind alle Sinne aufs äußerste gereizt und angespannt. Auch im Denkmechanismus kann ein Zustand aufkommen, bei dem das Gefühl entsteht, eine Saite würde zerspringen – wie bei einem Instrument.

Doch rein medizinisch entspricht dieses Gefühl nicht der Realität.

Natürlich hat ein Mensch mehr oder weniger die Fähigkeit, sich auch in einen Ausnahmezustand hinein zu steigern. Sonst könnte ein Schauspieler nicht so überzeugend seine Rolle spielen. Und da besteht die Gefahr, daß eine Grenze überschritten wird und der Mensch sich selbst entgleitet und Realität nicht mehr vom Wahn zu unterscheiden vermag. Vor allem bei hysterischen Persönlichkeiten kann solch eine Neigung beobachtet werden. Der gesunde Kontrollmechanismus ist dann nicht mehr stark genug, Grenzen zu setzen zwischen Spiel und Wirklichkeit.

In jüngster Zeit beobachten wir eine Flut von fiktiven Geschichten, die vor allem junge Menschen in eine skurrile Phantasiewelt entführen, wobei manche Szenen wahnhaften Inhalt zeigen. Wenn jemand sich intensiv mit dieser Literatur befaßt, kann er an eine Grenze kommen, die wie ein Warnschild einen Menschen zurückhalten sollte, sich hier noch weiter vorzuwagen.

Wer jedoch im Rahmen eines Ausnahmezustands von der Angst befallen wird, wahnsinnig zu werden, der darf wissen, daß diese Befürchtung nicht begründet ist.

C. Der gleitende Übergang

All diese oben beschriebenen Symptome wie Angst, Panik, Zwangsgrübeln, Depersonalisationserlebnisse, das Gefühl, wahnsinnig zu werden usw. deuten auf einen Ausnahmezustand hin, sind aber zugleich auch Begleiterscheinungen einer Depression.

Sie können in allen Schweregraden auftreten. Und wenn die Depression wieder verschwunden ist, spielen auch diese Symptome praktisch keine Rolle mehr.

Das aber bedeutet, daß ein Ausnahmezustand, der durch eine Krise hervorgerufen wurde, durchaus früher oder später in eine Depression münden kann. Oft ist es gar nicht möglich, eine klare Grenze zu ziehen; denn der Übergang ist gleitend. Irgendwann kommt dann der Punkt, an dem nicht mehr von einem Problem gesprochen werden kann, sondern von einer Krankheit.

Daher können auch all die zuvor beschriebenen Auslöser eines Krisenzustandes zugleich Auslöser werden für die Entstehung einer echten Depression.

Bevor wir nun miteinander nach Wegen suchen, Probleme besser zu bewältigen, wollen wir einige grundsätzliche Überlegungen zu dem Thema Depression weitergeben. Vieles, was unter dem Aspekt einer Depression hier gesagt wird, kann wiederum genauso auch für eine Dekompensation gelten.

III. Die Depression

1. Wie äußert sich eine Depression?

Tag für Tag begegnen uns Menschen, die irgendwo am Ende angekommen sind; deren Schwermut so übermächtig geworden ist, daß die ganze Persönlichkeit dadurch verändert wird. Ja, selbst die nächsten Angehörigen können das veränderte Verhalten nicht mehr verstehen. Dann hören wir Sätze wie: »Das alles hat sie früher spielend geschafft. Ich kenne es gar nicht, daß sie auch nur einen Tag im Bett liegen blieb. Und jetzt ist sie kaum noch dazu zu bewegen, das Bett zu verlassen.« Oder: »Ich kann einfach nicht mehr mit meinem Mann reden. Es ist, als gingen meine Worte durch ihn hindurch. Er sitzt nur da und starrt vor sich hin, und ich kann ihn nicht erreichen. Ich habe den Eindruck, als kommunizierten wir auf zwei verschiedenen Ebenen.«

Wenn der Tag wie eine schwere Last auf einem Menschen liegt und alles wie in einen Nebel gehüllt erscheint; wenn jeder Schritt mühsam wird und die Seele wie von einer klebrigen Masse eingesponnen ist, daß sie sich nicht mehr erheben kann; wenn die Stimmen der anderen verhallen und nur noch der Wunsch zu vergessen lebendig ist –

dann sollten wir die Niedergeschlagenheit als Symptom einer Depression betrachten.

Eine schwere Depression können wir bereits an der Haltung und dem Gesichtsausdruck erkennen. Die Gesichtsmuskeln sind unbewegt, der Blick starr. Eine dumpfe Schwere lähmt die ganze Persönlichkeit. Selbst wenn dieser Mensch versucht zu lächeln, spiegelt sich darin doch seine Gedrücktheit, denn dieses Lächeln ist ohne Schwingung.

Aber nicht alle Depressionsformen sind so leicht zu erkennen. Eine Depression ist ja kein Defekt an einer Maschine, sondern eine Störung in einem lebendigen Organismus, der sehr individuell gesteuert wird.

In allen Depressionsformen taucht das Gespenst der Angst auf. Eine Angst, die sich bis zur Panik steigern kann.

Stehen bei der einen Depression Verarmungsideen im Vordergrund, so bei einer anderen irgendeine Wahnvorstellung, die durch keine Überredungskunst korrigiert werden kann. Dann wieder begegnen uns Depressionen, bei denen eine Schuldidee den Kranken zwingt. Alles wird ihm zur Schuld. Die Kranken klagen sich an und glauben, sich für alles verantwortlich machen zu müssen. Die Vergangenheit ist eine einzige Anklage, die sich gegen sie richtet. Selbst Dinge, die sie nicht verschuldet haben, lasten sie sich an. Und durch keine Beichte wird ihnen eine Entlastung zuteil.

In seinem Tief ist der Kranke fest davon überzeugt, daß es nie wieder besser wird. Er ist in seinem Problem total gefangen. Er kann einfach nicht zurücktreten, um aus einem gewissen Abstand die Situation zu beurteilen.

Aber nicht nur die Psyche ist betroffen, auch der Körper bringt Symptome der Schwermut zum Ausdruck. Häufig ist der Verdauungstrakt beeinträchtigt. Auch fehlt der Appetit, so daß es zu einem Gewichtsverlust kommt. Andere wiederum klagen über anhaltende Magenbeschwerden. Sie meinen, in der Magengegend einen Stein zu verspüren, der den »Magen abdrückt« oder sie klagen über anhaltende Spannungsschmerzen oder äußern das Gefühl, im »Schraubstock« zu sein. Andere befürchten, an einem schweren Herzfehler zu leiden, weil ihr Herz stolpert und rast, daß sie kaum den Puls noch zählen können. Auch Kopfschmerzen treten auf. Ja, der Depressive kann so stark grübeln, daß er fürchtet, sein Kopf könnte zerspringen.

Und weil er so viel grübeln muß, kann er nur schlecht schlafen. Als Folge davon wieder kann er sich nicht konzentrieren und klagt, vergeßlich geworden zu sein ...

Durch eine Depression können alle nur denkbaren körperlichen Symptome hervorgerufen werden, ohne daß ein organischer Befund zugrunde liegt. Dabei kann der Depressive fest davon überzeugt sein, an einer organischen Krankheit zu leiden, denn er spürt ja subjektiv all diese Beschwerden. Und sie sind auch objektiv registrierbar, sie sind also nicht eingebildet, sondern tatsächlich vorhanden – aber dennoch durch den psychischen Streß bedingt. Und sobald die Depression verschwindet, sind auch die Beschwerden nicht mehr da.

Es wurden bereits so viele Bücher über Depressionen geschrieben, daß wir in diesem Rahmen weitgehend darauf verzichten können. Die wesentlichen Erscheinungsformen und Behandlungsmethoden haben wir in unserem Buch »Mit der Seele per Du« aufgeführt. Zusammenfassend wollen wir lediglich noch einmal darauf hinweisen, daß die Bilder so variabel und vielschichtig sind, daß sie nicht klar abgegrenzt werden können.

So gibt es Depressionen, bei denen der Kranke nicht einmal mehr fähig ist, das Bett zu verlassen. Alle Funktionen sind wie erstarrt. Dann wieder verbindet sich – wie bei der *agitierten Depression* – die innere Unruhe und Angst mit einer Erregung, die von dem Kranken kaum unter Kontrolle gehalten werden kann.

Neben der *endogenen Depression,* die rein organisch bedingt ist, finden wir die *reaktive Depression* als Antwort auf ein belastendes Ereignis, oder auch die *endo-reaktive Depression,* in der sich organische mit reaktiven Komponenten vermischen.

Da ist die sogenannte *Involutionsdepression,* die im Rückbildungsalter auftritt, wobei jedoch nicht unbedingt die Alterung des Gehirns verantwortlich ist, sondern eine falsche Verarbeitungsweise bestimmter Erlebnisse.

Oder eine Depression, in der zwar körperliche Symptome beschrieben werden, jedoch objektiv nicht erkennbar sind. Ähnlich wie bei der schleichenden *lavierten Depression,* die sich hinter allen nur denkbaren körperlichen Symptomen verbirgt; ja, bei der der Kranke selbst nicht einmal registriert, daß er an einer Gemütskrankheit leidet.

Aber ganz gleich, welche Bezeichnung auch immer wir einer Depression geben wollen, immer ist der ganze Mensch betroffen.

2. Wer erkrankt an einer Depression?

Grundsätzlich kann jeder von einer Depression betroffen werden, obwohl einige Menschen eher zu einer depressiven Verarbeitungsweise neigen als andere. Je sensibler und gewissenhafter ein Mensch ist, desto leichter kann er an einer Depression erkranken. Vor allem solche, die zu einem Perfektionismus neigen, sind gefährdet.

Statistisch wurde festgestellt, daß diejenigen, die in den frühen

Jahren der Prägung einen schwerwiegenden Verlust erlitten haben, sei es durch Tod oder Scheidung eines Elternteils, häufiger an einer Depression erkranken als andere, die eine unbelastete Kindheit durchlaufen konnten.

Nach Schätzungen von Fachleuten erleiden mindestens 12 % der Erwachsenen im Laufe ihres Lebens eine depressive Phase, deren klinischer Verlauf so schwer ist, daß eine Behandlung erforderlich wird. Die Zahl derer, die an depressiven Symptomen leiden, jedoch irgendwie auch ohne medikamentöse Behandlung zurecht kommen, liegt weit höher.

In der ganzen westlichen Welt stellen Depressionen das Gesundheitsproblem Nr. 1 dar. Autoren sprechen allein in den USA von 20–35 Millionen Menschen, die eindeutig depressive Symptomatik aufweisen.[1] In der Bundesrepublik schätzt man den Anteil der depressiven Menschen auf 25 % der Gesamtbevölkerung.[2]

3. Was geschieht bei einer Depression?

Wenn ein Fernsehapparat nicht mehr funktioniert, kann ein Fachmann verhältnismäßig leicht die Fehlerquelle entdecken. Anders ist es beim Menschen. Unser Körper verhält sich zwar auch nach einer bestimmten Gesetzmäßigkeit, doch ist es kaum möglich, eine allgemein gültige Aussage zu machen. Dennoch sind gerade in den letzten Jahren bemerkenswerte Entdeckungen gelungen, so daß sich die Aufmerksamkeit der Depressionsforschung vermehrt auf das Limbische System richtet, das wir im Zusammenhang mit Emotionen beschrieben haben (s. Seite 23ff).

Aber was geschieht nun bei einer Depression?

Die Psyche signalisiert eine dumpfe Schwere, Mutlosigkeit, Hoffnungslosigkeit.

Der Geist folgert: Schuld, Verarmung, Abgelehntwerden ...

Der Körper reagiert mit Schlaflosigkeit, Gewichtsverlust, Kopfschmerzen, Herzbeschwerden, Verspannungen ...

Oder auch in umgekehrter Reihenfolge, so daß wir uns fragen: wer signalisiert zuerst? Der Körper? Die Psyche? Der Geist? Die Grenzen lassen sich nicht ohne weiteres ziehen. Eins hängt mit dem anderen zusammen. Und in der Tat ist es ein ständiges Ineinanderarbeiten von Seele, Geist und Leib.

Fest steht, daß bei einer Depression das vegetative Nervensystem außer Kontrolle geraten ist. Aber läßt sich dieses Störfeld genauer einkreisen?

Der Zusammenhang zwischen dem Hormonhaushalt und Depressionen war schon lange bekannt. Etwa bei einer Wochenbettdepression. Doch kommen hier vermutlich auch psychogene Faktoren hinzu wie die Angst vor der neuen Verantwortung; sodann kann die körperliche Erschöpfung noch eine zusätzliche Rolle spielen.

Dasselbe gilt für die sogenannte *Altersdepression.* Auch hier spielt sicherlich die hormonelle Umstellung eine Rolle. Doch zugleich ist da die Angst vor der veränderten Situation: Die Kinder haben das Haus verlassen. Plötzlich allein. Verlust der Arbeitsstelle. Vielleicht wartet das Altersheim. Ein Mosaiksteinchen kommt zum anderen. Und wenn all diese Steinchen zusammengefügt werden, ist das Ergebnis: Depression.

Eine *reaktive Depression* ist bis zu einem gewissen Grad gedanklich nachzuvollziehen, solange die Schwere in einem gewissen Verhältnis zu dem Auslöser steht. Doch was geschieht bei einer *endogenen Depression,* die ja bekanntlich in erster Linie organisch bedingt ist?

Seit einigen Jahren sind Wissenschaftler zu der Erkenntnis gekommen, daß bei Depressionen die Nachrichtenübermittlung im Zentralen Nervensystem gestört ist. In den Synapsen, diesen winzigen Verbindungsstellen zwischen den einzelnen Nervenbahnen, ist offensichtlich eine Fehlsteuerung entstanden.

In dem Kapitel über die Nachrichtenübertragung (s. Seite 28ff) haben wir in groben Strichen diese Synapsentätigkeit aufgezeigt und dabei auch jene Boten, die Transmitter, kennengelernt, die imstande sind, durch einen Kontakt mit dem Rezeptor der Nachbarzelle einen elektrischen Impuls weiterzutragen.

So ist eine Hypothese, daß bei einer Depression *das Zusammenspiel der präsynaptischen und postsynaptischen Rezeptoren nicht funktioniert,* so daß hier die Balance gestört ist.[3]

Was ist damit gemeint?

Die präsynaptischen und postsynaptischen Rezeptoren befinden sich in einem ständigen Spiel der Anpassung zu einander. Wenn beispielsweise zu viel Transmitter freigesetzt werden – was bei Streß der Fall ist – reduziert sich vermutlich die Sensibilität der postsynaptischen Rezeptoren, um eine Überbeanspruchung der Nervenfasern zu verhindern.

Wenn dagegen zu wenig Transmitter im synaptischen Spalt vorhanden sind, wird angenommen, daß sich die Sensibilität des postsynaptischen Rezeptors erhöht. So ist der Körper stets bemüht, ein Gleichgewicht herzustellen.

Bei einer Depression versagt offensichtlich dieser Mechanismus.

Eine andere Theorie spricht von einem *Ungleichgewicht zwischen den einzelnen Trägersubstanzen,* also zwischen Noradrenalin und Serotonin.[4] Zunächst hatte man beinahe statische Vorstellungen, wobei man davon ausging, daß bei einer endogenen Depression die Rezeptorentätigkeit gestört ist; den Grund für eine reaktive Depression dagegen vermutete man in einem erschöpften Transmittervorrat, der nicht mehr genügend Impulse weiterleiten kann. Doch erkannte man schon bald ein enges Zusammenspiel verschiedenster Faktoren.[5]

In jüngster Zeit nun wird dem *Denken* eine besondere Bedeutung beigemessen. Und in der Tat wirkt beispielsweise negatives Denken als Streßfaktor auf das Limbische System ein und ist somit durchaus in der Lage, das bio-chemische Gleichgewicht zu stören. Wir sehen, wie ein Rädchen in das andere übergreift.

Die modernen Lebensbedingungen begünstigen offensichtlich weltweit ein Ansteigen der Depressionen. Der Energiehaushalt im Organismus ist vorzeitig erschöpft, was zu einer biochemischen Dekompensation führt, wobei die individuelle Leistungsfähigkeit immer mehr sinkt.

Medikamente, die sogenannten *Antidepressiva,* haben nun sehr unterschiedliche Wirkungsweisen. Zum einen sind sie in der Lage, die Wiederaufnahme der Transmitter in das eigene Lager zu verhindern, also abzublocken, so daß genügend Transmitter im Spalt vorhanden sind.[6] Und in der Tat steigt der Transmitterspiegel nach Einnahme bestimmter Antidepressiva bereits nach vier Tagen.[7] Zum andern regulieren Antidepressiva die Rezeptorentätigkeit, so daß sich nach etwa 14 Tagen die Rezeptorentätigkeit wieder normalisiert.[8] Darüber hinaus gibt es noch weitere Wirkungsweisen, doch mögen diese genannten hier genügen. So kann das Gleichgewicht innerhalb der Synapse wiederhergestellt werden. Und die Folge ist: Die Stimmung hellt sich auf; der Schlaf normalisiert sich; der Grübelzwang wird gelöst; ja, auch die körperlichen Reaktionen verschwinden.

Normalerweise übernimmt unser Körper die Steuerung selbst. Doch es gibt Situationen, in denen der Körper nicht mehr in der Lage ist, die aus der Kontrolle geratene Steuerung zu korrigieren. Daher ist es begründet, in fortgeschrittenen Fällen einer Depression Antidepressiva einzunehmen, die dann im Organismus vorübergehend die Steuerfunktion übernehmen, bis der Körper selbst wieder in der Lage ist, das Gleichgewicht zu halten.

Doch Medikamente allein helfen nicht. Denn Medikamente lösen keine Probleme. Wenn eine Depression durch eine negative Einstellung begünstigt wurde, muß hier ein neues Denken eingeübt werden. Doch oft ist es erforderlich, zunächst durch Medikamente eine gewisse Entspannung herbeizuführen, um überhaupt eine Gesprächsbasis zu finden.

4. Der Gläubige und seine Depression

a) Schuld, Streß – oder?

Unter Christen findet man immer wieder die Meinung, daß ein Christ nicht depressiv werden könne. Oder anders ausgedrückt: Wenn ein Christ depressiv wird, ist es ein Zeichen, daß irgend etwas mit ihm in geistlicher Hinsicht nicht in Ordnung sei.

Natürlich kann auch Schuld einer Depression zugrunde liegen, so wird von Saul, dem ersten König Israels, berichtet, daß ihn zeitweise Schwermut überfiel. Es ist durchaus denkbar, daß Eifersucht und Neid dem »bösen Geist« die Tür geöffnet haben, so daß die Schwermut Zutritt erhielt.

Auch bei David besteht ein Zusammenhang zwischen Schuld und Depression:

»Mein Auge ist trübe geworden vor Gram,
matt meine Seele und mein Leib.
Denn mein Leben ist hingeschwunden in Kummer,
und meine Jahre in Seufzen.
Meine Kraft ist verfallen
durch meine Missetat,
und meine Gebeine sind verschmachtet.
Vor all meinen Bedrängern bin ich ein Spott geworden,
eine Last meinen Nachbarn
und ein Schrecken meinen Bekannten.
Die mich auf der Gasse sehen,
fliehen vor mir.
Ich bin vergessen in ihren Herzen
wie ein Toter.
Ich bin geworden wie ein zerbrochenes Gefäß . . .«
(nach Psalm 31)

Wenn wir genau hinhören, merken wir, daß aber noch andere belastende Momente hinzukommen. Wer sind diese Bedränger? Und wodurch ist er zum Spott geworden? Nicht auch dadurch, daß er als Vater versagte? Die Rebellion seiner Söhne. Aufstand in den eigenen Reihen. Und dann die Verantwortung als König für sein Volk. Folgen der Schuld und Auswirkungen des Amtes, wo wollen wir Grenzen ziehen?

Daneben jedoch sind uns zahlreiche Beispiele überliefert auch von Gläubigen, die sich in einer Ausnahmesituation befanden und mit Depression reagierten – ohne daß schuldhaftes Vergehen vorlag.

Ein klassisches Beispiel dafür ist Hiob. Und gerade er wehrt sich gegen diesen Verdacht. »Was ihr zu bedenken gebt, sind Sprüche aus Asche . . . schweigt still . . . Wie lange plagt ihr doch meine Seele und peinigt mich mit Worten!« (Hiob 19,2)

In guten Tagen wäre niemand auf die Idee gekommen, daß dieser Mann je depressiv werden könnte. Er war der Ratgeber; der Mann, auf den jeder hörte; der anderen Vorbild war. Bis ein Verlust nach dem anderen ihn in seiner Substanz erschütterte. Der größte Verlust aber geschah, als sein Bild von Gott zerbrach. Da war ihm nichts mehr geblieben, an das er sich halten konnte. In seiner tiefen

Depression sehnte er nur noch den Tod herbei, so daß er klagend ausrief:

»... Viele elende Nächte sind mir geworden.
Wenn ich mich niederlegte, sprach ich:
Wann werde ich aufstehen?
Bin ich aufgestanden, so wird mirs lang
bis zum Abend ...
Mich quält die Unruhe bis zur Dämmerung ...
Mich ekelt mein Leben an ...
Mein Geist ist zerbrochen ...
Er hat meine Hoffnung ausgerissen wie einen Baum ...«
(Hiob 7,4; 10,1; 17,1; 19,10)

Auch von dem Propheten Elia wird uns berichtet, daß er eine Zeit tiefster Depression durchlebte. Vermutlich war diese Depression Folge einer totalen Erschöpfung. Hatte er nicht in einem außergewöhnlichen Streß gestanden? Verfolgt – und eine Verfolgungssituation bedeutet Streß! –, dann die Zerreißprobe am Berg Karmel (1. Könige 19) angesichts der scheinbaren Übermacht der Baalspriester. Obwohl für Elia diese Auseinandersetzung in einem triumphalen Sieg endete, war doch das alles nicht spurlos an ihm vorübergegangen, denn es heißt ja von ihm, daß er »ein Mensch war wie wir« (Jakobus 5,17). Nach dieser Periode äußerster Beanspruchung kam eine tiefe Depression, in der er nicht mehr leben wollte. Ausgelöst wurde dieser Zustand durch einen Boten der Königin Isebel, die ihm Rache geschworen und den Tod angedroht hatte: »... morgen um diese Zeit«. Da überkam ihn die Furcht, und er lief um sein Leben und wollte nur noch sterben und sprach: »Es ist genug. So nimm nun, Herr, meine Seele« (1. Könige 19).

Oder nehmen wir ein weiteres Beispiel: Jeremia. Dieser große Prophet Gottes. Wenn wir seine Klagelieder lesen, können wir uns nicht des Eindrucks erwehren, daß dieser Mensch depressiv war. Seine ganze Lebensperspektive war zeitweise depressiv gefärbt.

»Ich habe mir fast die Augen ausgeweint,
mein Leib tut mir weh,
mein Herz ist auf die Erde ausgeschüttet ...« (Klagelieder 2,11)

Er spricht davon, daß »Fleisch und Haut« alt geworden sind und »sein Gebein zerschlagen« wurde (Klagelieder 3).

Jeremia durchlebt einen Zustand, in dem er »ringsum eingeschlossen« ist, von »Bitterkeit und Mühsal« umgeben. Er fühlt sich von Gott in die »Finsternis versetzt« und klagt:

»Er hat mich ummauert,
daß ich nicht heraus kann,
und mich in harte Fesseln gelegt.
Und wenn ich auch schreie und rufe,
so stopft er sich die Ohren zu
vor meinem Gebet.
Er hat mich mit Bitterkeit gesättigt
und mit Wermut getränkt.«

Wenn wir uns dann vergegenwärtigen, unter welch einem extremen körperlichen und seelischen Streß dieser Mann stand, können wir begreifen, daß irgendwann der Punkt kommt, an dem die Kraft versagt. Nicht nur die politische Auseinandersetzung zehrte an ihm, sondern auch die Enttäuschung an den eigenen Leuten: abgewiesen, lächerlich gemacht, in ein Brunnenloch geworfen, verhöhnt und dann noch zusehen müssen, wie die Lügner triumphierten. Aber was am meisten verletzte: das Leiden seines Volkes mitansehen zu müssen, ohne helfen zu können. Und dann die Frage: Wo ist Gott? Der Gott, dessen Name er gepredigt hatte? Hatte er umsonst vertraut? Doch dann erfährt er, daß Gott gerade in diesen dunklen Stunden ihm seine Liebe offenbart.

Auch Hiskia, der König, kennt Stunden der Verzagtheit und Angst:

»Bis zum Morgen schreie ich um Hilfe;
aber er zerbricht mir alle meine Knochen wie ein Löwe.
Tag und Nacht gibst du mich preis ...
Entflohen ist mein Schlaf
bei solcher Betrübnis meiner Seele.« (Jesaja 38,12ff.)

Ja, selbst ein Paulus spricht von Zeiten, in denen er »über die Maßen beschwert war«, wobei die Bedrängnis »über die Kraft ging«, so daß auch er »am Leben verzagte« (2. Korinther 1,8).

Ein Leben unter Streß. Als Schiffbrüchiger trieb er tagelang auf dem offenen Meer. Dann wieder verfolgt von einer Stadt zur anderen. Gesteinigt und aus der Stadt geschleift. Durchgepeitscht. Von den eigenen Leuten kritisiert und verleumdet. Und irgendwann kommt ein Punkt, da ist eine Grenze überschritten. Da kann der Mensch nicht mehr weiter. Aber auch ein Paulus brauchte diese dunklen Stunden; denn wie sonst hätte er erfahren, daß erst in seiner eigenen Schwachheit die Kraft Gottes sich offenbaren kann? (2. Kor. 12,9)

b) Anfechtung oder Depression?

Wenn wir diese biblischen Beispiele nehmen, vor allem die Psalmen, dann mag die Frage aufkommen: Was ist der Unterschied zwischen einer Anfechtung und einer Depression?

Unserer Auffassung nach liegt einer Anfechtung ein Anruf Gottes zugrunde. Sie hat also primär mit der Beziehung zu Gott zu tun. Aber auch eine Depression kann mit der Beziehung zu Gott eng verknüpft sein.

Eine Anfechtung ist ein gewisses Ausleseverfahren, durch das das Echte vom Unechten getrennt wird, wie es Jesus in dem Gleichnis in Lukas 8,13 ausmalt: »Zu der Zeit der Anfechtung fallen sie ab.« Oder aber, wie es im Jakobus-Brief zum Ausdruck kommt: »Meine lieben Brüder, erachtet es für lauter Freude, wenn ihr in mancherlei Anfechtungen fallt, und wißt, daß euer Glaube, wenn er bewährt ist, Geduld wirkt« (Jak. 1,2.3).

Unter Anfechtung versteht man im allgemeinen eine Situation, die dem Menschen sozusagen als Test vorgelegt wird. In solch einer Situation soll ein Mensch unter Beweis stellen, wer er ist und was er gelernt hat. Solch eine Testsituation hat also eine aufdeckende Funktion. Sie zeigt die Schwachheit des Menschen und zugleich seine Grenze. Darüber hinaus ist sie ein Trainingsprogramm, durch das die ganze Persönlichkeit geläutert wird.

Wenn wir den Begriff dahingehend definieren, kann eine Depression im positiven Sinn auch durchaus eine Anfechtung sein, die dem Menschen seine Verwundbarkeit aufdeckt und seine Gefährdung.

Das wird vor allem in dem oben zitierten Brief des Paulus deutlich. Er gibt zu, daß die Beschwernis über seine Kraft ging. Daß also keine Reserven mehr geblieben waren, auf die er hätte zurückgreifen können. Die Situation war so aussichtslos in jeder Hinsicht, daß der Tod eine beschlossene Sache schien. Dann aber fährt er fort:

»Das geschah aber, damit wir unser Vertrauen nicht auf uns selbst setzten, sondern auf Gott, der die Toten auferweckt« (2. Kor. 1,9).

So hat die Beschwernis eine neue Dimension geöffnet.

Jede Ausnahmesituation kann eine Anfechtung sein. Aber auch umgekehrt kann eine Depression zu einer Anfechtung werden. Liegt es also in der Hand des einzelnen?

Hier kommen wieder verschiedene Fakten zusammen. Es gibt Depressionen, für die ist ein Mensch selbst verantwortlich. Und es gibt Depressionen, auf die hat ein Mensch keinen Einfluß. Aber entscheidend ist, was er daraus macht.

c) Der Depressive und die Bibel

In der tiefen Depression scheint sich alles gegen den Leidenden zu verschwören. All das, was ihm bis dahin Sicherheit bedeutete, kann keinen Schutz mehr bieten. Er fühlt sich isoliert, ausgestoßen, verurteilt.

Wohin er sich auch wendet, begegnet er der Anklage. Ja, selbst der Zugang zu Gott scheint versperrt, als hätte sich auch Gott gegen ihn verschworen.

Und wenn der Depressive dann in seiner Dunkelheit versucht, sich an einem Wort der Bibel zu trösten, um daraus Kraft und Hoffnung zu schöpfen, kann gerade dieses Wort sich gegen ihn richten und ihm Tod und Verdammnis verheißen, so daß die Nacht noch hoffnungsloser wird.

Es ist das Wesen der Depression, daß alles, was dieser Mensch erlebt, entsprechend dunkel gefärbt ist.

Ich kenne Menschen, die wie ein Rutengänger alle Gerichtsworte in der Bibel aufspüren, um sie auf sich selbst zu beziehen. So festigt sich schließlich in ihnen die Überzeugung, von Gott verworfen zu sein, oder die Sünde gegen den Heiligen Geist begangen zu haben.

Weil sie sich selbst verurteilen, setzen sie voraus, auch von Gott verworfen zu sein. Sie suchen Trost und Hilfe, fürchten jedoch zugleich Gericht und Verdammnis. Und wenn sie die Bibel wahllos aufschlagen, springen gerade solche Gerichtsworte ihnen entgegen. Sie sind von diesen Worten wie gelähmt, so daß sie nicht mehr den Zusammenhang beachten.

Eine junge Frau hatte mit ihrer Mutter eine Mittelmeerkreuzfahrt unternommen, als sie plötzlich auf hoher See von Panik erfaßt wurde. In ihrer Verzweiflung schlug sie die Bibel auf und las: »Und ich will dich und deine Mutter, die dich geboren hat, in ein anderes Land treiben, das nicht euer Vaterland ist; dort sollt ihr sterben. Aber in das Land, wohin sie von Herzen gern wieder kämen, sollen sie nicht zurückkehren.« (Jer. 22,26f.)

Damit schien ihr Schicksal besiegelt. Von da an verzehrte sie sich in Selbstanklagen. Daß sie diese Fahrt nicht genießen konnte, ist verständlich. Und wenn sie versuchte zu beten, stand dieses Wort wieder vor ihr wie ein flammendes Schwert, das den Zugang zu Gott versperrte.

Es gibt Zeiten im Leben eines jeden Menschen, wo die Dunkelheit ihn gefangen nimmt, so daß selbst der Beter mit dem Psalmisten fragt: »Warum hast du mich vergessen?« Aber wenn wir weiter lesen, sehen wir, daß er sich sogleich besinnt und sich selbst korrigiert, in dem er fortfährt:

»Was betrübst du dich, meine Seele,
und bist so unruhig in mir?
Harre auf Gott;
denn ich werde ihm noch danken,
daß er meines Angesichts Hilfe
und mein Gott ist.« (Psalm 42,6)

Das Vertrauen trägt letztlich den Sieg davon. Sicher kann Gott durch sein Wort auch Schuld aufdecken und einem Menschen die ganze Tragweite eines Fehlverhaltens aufzeigen. Darum geht es hier nicht. Es geht hier vielmehr um das Prinzip, daß der depressive oder auch der ängstliche und zwanghafte Mensch aus jeder Botschaft das Negative und Belastende heraushört.

Wenn in einem Satz von Tod und Leben die Rede ist, so werden seine Augen nur von dem Wort TOD gefangen.

Das Leben nimmt er überhaupt nicht wahr.

Und wenn es um Gericht und Gnade geht, bezieht er das Gericht auf sich und vergißt die Gnade.

Nun mag die Frage aufkommen, ob denn ein Mensch in einem Ausnahmezustand überhaupt die Bibel zur Hand nehmen soll?

Die Bibel ist nach wie vor das Instrument, durch das Gott zu uns

Menschen spricht. Gerade auch zu dem Menschen in einer Krisensituation. Es sind uns ungezählte Berichte überliefert, in denen Menschen gerade in einer speziellen Notsituation Hilfe erfahren haben durch ein Wort der Schrift. Ja, oft spricht ein Wort so unmittelbar in eine Situation, daß es besser zu helfen vermag, als je ein Mensch es könnte.

Sein Wort bringt Befreiung, es versklavt nicht. Wenn ein Mensch, der sich nach Befreiung sehnt, noch tiefer in die Dunkelheit gestoßen wird, heißt es zu warten, bis die Zeit gekommen ist. Gott findet Mittel und Wege, um einem Menschen auch in seiner tiefsten Dunkelheit zu begegnen.

5. Der Depressive und sein Helfer

Was kann ein Außenstehender tun, um einen anderen aus seiner Dunkelheit heraus zu holen? Kann er überhaupt etwas tun?

Was zu tun ist, hängt von der Art des Gefangenseins ab und dem Schweregrad. Doch grundsätzlich kann ein Außenstehender wesentlich zu einer Heilung beitragen.

Wir wollen hier einige ganz spezielle Punkte herausstellen:

a) Vorwürfe und Vorhaltungen sind nicht angebracht. Ebenso die Aufforderung, sich zusammen zu reißen. Auch ein gut gemeinter Ansporn wird in der Regel nur wenig ausrichten, obwohl ja in der Tat es für einen Unbeteiligten nicht einsehbar ist, warum ein Mensch mit zwei gesunden Händen und zwei gehfähigen Beinen nicht in der Lage sein soll, damit zu arbeiten.

Hier ist ein gutes Einfühlungsvermögen erforderlich.

Die scheinbare Ausweglosigkeit kann einen Schweregrad erreicht haben, in der ein Mensch einfach nicht mehr fähig ist, auch nur den geringsten Anforderungen gerecht zu werden. Arbeiten, die früher so selbstverständlich ausgeführt wurden, sind jetzt wie eine Hürde, vor der dieser Kranke kapituliert. Da hat es auch wenig Sinn, ihn zu ermutigen. Der Antrieb muß von dem Betreffenden selbst erfolgen.

b) Das Wesen einer Ausnahmesituation muß klar definiert sein. Was meinen wir damit? Es gibt immer wieder Menschen, die nutzen ihre Krankheit, um sich dahinter zu verstecken. Sei es, daß sie versuchen, auf diese Weise ihre Umwelt zu beherrschen, sei es, daß sie durch ihre Krankheit einen bestimmten Zweck verfolgen, wie an dem Beispiel Ahab deutlich wird, der sich schmollend ins Bett legte, weil der Weinberg, den er so gerne für sich in Anspruch genommen hätte, ihm verweigert wurde (1. Kön. 21).

Solch eine Form der Verstimmung muß selbstverständlich anders angegangen werden als eine echte Dekompensation, in der ein sonst arbeitsfreudiger und einsatzbereiter Mensch plötzlich ohne jede Initiative und Motivation ist.

Über den Umgang mit einer sogenannten »neurotischen Depression« haben wir bereits in unserem Buch »Achtung: Fehlschaltung!« (R. Brockhaus Verlag) geschrieben, so daß wir hier darauf verzichten möchten.

Doch wie kann nun ein Außenstehender einem Menschen, der von seinem depressiven Denken völlig eingesponnen ist, helfen?

Je nachdem, in welchem Stadium sich eine Depression befindet, wird die Hilfe anders aussehen. In der dunkelsten Phase ist medizinische Hilfe angezeigt, darum heißt es:

1) Bei einer schweren Depression oder auch Dekompensation den Kranken dazu ermutigen, *medizinische Hilfe in Anspruch zu nehmen.*

2) Nicht weniger entscheidend ist es, daß *der Kranke spürt: Ich bin nicht allein.* Vor allem dann, wenn die Krankheit sich über Monate hinzieht, ist es wichtig, daß der Kranke weiß: Ich bin keine Last. Ich bin dem anderen etwas wert. Und dieser Wert hängt nicht von meiner Leistung ab.

3) Den Depressiven *zum Sprechen auffordern.* Manche Autoren legen zu diesem Zweck einen großen Fragebogen zurecht. Doch unserer Meinung nach haben sich bohrende Fragen nicht bewährt. Je nachdem, welche Fragen wie gestellt werden, kann sich ein Mensch wie in einer Gerichtsverhandlung fühlen. Wir müssen bedenken, daß seine Wahrnehmungsfähigkeit ohnehin gestört ist. Wenn dann ein ganzer Fragenkatalog sich über ihn ergießt, wird der, der ohnehin schon am Boden liegt, noch zusätzlich getreten.

Nun ist der Helfer – zumeist ja der Partner – recht ratlos. Er weiß einfach nicht, wie er den anderen zum Reden bringen könnte.

Als sehr hilfreich hat es sich erwiesen, wenn der Gesunde eine positive, hoffnungsvolle Schau zeigt und auch von Zeiten berichtet, in denen er selbst versagt hat und die er doch – rückblickend – nicht missen möchte. Häufig fühlt sich ein Mensch in seiner depressiven Phase als Versager. Wenn er dann erfährt, daß er nicht allein als Versager dasteht, kann das eine Erleichterung sein.

Eine wichtige Hilfe ist es, den Depressiven selbst zum Sprechen zu bringen. Der ganze Gedankenwust muß greifbar werden, bevor er zerlegt werden kann. Vielleicht wird der Depressive den einen oder anderen Grund nennen, das entscheidende Kriterium jedoch zurückbehalten. Vielleicht auch glaubt er selbst, diese Gedanken wären zu unbedeutend. Vielleicht hat er Angst, sich lächerlich zu machen. Doch gerade diese winzigen Gedankensplitter können immer wieder aufs neue das Räderwerk in Bewegung setzen. Solch ein Aussprechen sollte nicht eine stereotype Wiederholung der alten, schon längst bekannten Ereignisse und Überlegungen sein, sondern hier sollte der Helfer einen neuen, sachlichen Aspekt in die düstere und tragische Verarbeitungsweise bringen.

4) Der Depressive sollte *immer wieder neu auf die Realität hingewiesen werden.* Wenn wir davon ausgehen, daß bei einer Depression eine verzerrte Wahrnehmung vorhanden ist, erkennen wir, wie wichtig es ist, daß über das zugrundeliegende Problem sachlich gesprochen wird.

5) *Geduld ist dabei erforderlich.* Wenn der Helfer ungeduldig darauf hinweist: »Aber das habe ich« – oder »das hast du – schon hundertmal gesagt«, wird er nur verletzen. Der Kranke leidet ja darunter, daß er aus diesem Sich-Drehen nicht herauskommt. Der Depressive befindet sich in einer beinahe wahnhaften Verstrickung bestimmter Gedankenkombinationen und Vorstellungen. Wenn es jetzt dem Helfer gelingt, von außen in dieses Räderwerk einzuhaken, um es zum Stillstand zu bringen oder es gar in die entgegengesetzte Richtung in normalen Gang zu versetzen, ist ein großer Sieg errungen.

6) *Ablenken.* Es gibt depressive Menschen, die bestätigen rückblikkend, daß es für sie eine entscheidende Hilfe bedeutete, durch ein

Angebot von außen von dem ständigen Kreisen um sich selbst abgelenkt zu werden. Kleine Höhepunkte waren wie winzige Lichtflekken, die für Augenblicke die Dunkelheit zu durchbrechen vermochten. In einer tiefen Depression wird solch ein Ablenken nicht weiterhelfen, doch im Vorfeld einer Depression hat es sich als hilfreich erwiesen.

Wenn der Anlaß einer depressiven Phase objektiv gesehen in keinem Verhältnis steht zu der Schwere der Reaktion, kann vielleicht sogar die Argumentation *mit Humor gewürzt sein,* damit der Kranke sich von seiner tragischen Rolle leichter distanziert. Aber solch ein Humor darf niemals verletzend sein, sondern menschlich und warmherzig.

Es ist selbstverständlich, daß beispielsweise bei einem echten Verlusterlebnis Humor fehl am Platze ist. Doch wenn wir sehen, daß ganz geringfügige Anlässe einen Menschen in eine tiefe Ausweglosigkeit treiben, können wir ihm helfen, durch Humor ihn von der Nichtigkeit dieses Auslösers zu überzeugen.

7) *Die Hoffnung nicht aufgeben.* Charakteristisch für eine Depression sind die Schwankungen auch innerhalb einer depressiven Strecke. Plötzlich kann die Dunkelheit sich aufhellen, so daß der Kranke den Eindruck gewinnt, dem Leben zurückgegeben worden zu sein. Doch dann kann sich die Dunkelheit aufs neue über ihm ausbreiten, als sei der Lichtblick nur ein Spuk gewesen. Solche Schwankungen sind hoffnungsvoll. So kann der Helfer immer wieder neu dem Kranken zusichern, daß eines Tages die Dunkelheit ganz verschwindet.

Eine symptomfreie Zeit ist eine gute Gelegenheit, mit dem Kranken sachlich über den Krankheitsverlauf zu sprechen, um ihm klar zu machen, daß es sich – außer einer biochemischen Störung – um eine gestörte Wahrnehmung handelt. Wenn er das erkennt, ist es leichter, die eigene Version in Frage zu stellen.

Und diese Hoffnung gilt es dann auch in dem Kranken neu zu wecken, indem er immer wieder darauf hingewiesen wird, daß diese Dunkelheit wie eine vorüberziehende Wolke ist.

6. Die Wegkreuzung

Depression muß kein Schicksal sein; denn auch eine Depression ist beeinflußbar. Nicht nur durch Medikamente, sondern durch unsere Reaktion. So kann ein lähmender Zustand noch quälender werden, wenn wir uns mit Selbstvorwürfen immer neu verwunden. Aber andererseits kann eine bis dahin unerträgliche Schwere an Gewicht verlieren, wenn es uns gelingt, unsere Gedanken auf ein positives Ziel zu richten. Darauf weist auch der Verlauf des Tagebuchs hin (s. Seite 9ff). Wir möchten jetzt in erster Linie solche Menschen ansprechen, die unter Neigungsdepressionen leiden; Menschen, die beinahe von Natur aus zu einer depressiven Verarbeitung neigen; die äußerst sensibel sind, leicht verletzbar und in Konflikte verwickelt; die übergewissenhaft sind und auf Grund ihres perfektionistischen Denkens sich nur schwer mit einem Mißerfolgserlebnis abfinden können[9]; Menschen, die innerlich angespannt sind, voller Mißtrauen, die extremen Stimmungsschwankungen ausgeliefert sind, vegetativ labil mit all den lästigen Symptomen: Wir möchten Wege zur Veränderung zeigen . . .

IV. Vom Heilwerden

1. Niemand muß so bleiben, wie er ist

Wenn Menschen zu mir sagen: »Herr Doktor, ich bin nun einmal so veranlagt, ich kann mich nicht ändern«, dann zeigt das, wie durch ein negatives Selbstbekenntnis eine latent vorhandene Neigung sich gefestigt hat, bis ein Mensch schließlich davon überzeugt ist, sich nicht verändern zu können. Aber das ist ein Irrtum.

Schon bei solch einer Behauptung sollte unsere Korrektur einsetzen. Da heißt es: »Ich bin nun einmal so veranlagt.« Vielleicht wird sogar, um diese Behauptung noch zu festigen, hinzugefügt: »Auch meine Mutter war ausgesprochen ängstlich.« Das mag die scheinbare Unmöglichkeit einer Korrektur noch unterstreichen; doch können wir sogleich fortsetzen: *aber*... So entsteht ein neues Selbstkonzept. Damit widersprechen wir einer bis dahin gültigen Tatsache. *Aber*...

Es mag sein, daß auch die Mutter sehr ängstlich war, vielleicht schon die Großmutter. Es mag sein, daß bereits eine genetische Anlage vorhanden ist, *aber* das heißt nicht, daß diese Ängstlichkeit von Generation zu Generation weiterbestehen bleiben *muß*. Wir wollen nicht in dieselbe Falle tappen. Obschon wir ängstlich sind, können wir lernen, damit besser umzugehen. Anstatt nun uns von der Angst beherrschen zu lassen, lernen wir, sie zu zügeln.

Das Ziel ist das Heilsein, die innere Gelassenheit. Dieses Ziel gilt es, sich vor Augen zu halten. Nicht, als wollten wir es zwingen und selbst Tag und Stunde bestimmen. Aber wenn ich mein Reden auf dieses Ziel ausrichte, dann öffne ich mich einer heilenden Kraft. Und wenn ich weiß, daß dieses mein Bestreben mit dem Ziel Gottes in Einklang steht, gibt mir das Zuversicht und Überlegenheit.

Wer heil werden will, muß sein Reden diesem Ziel anpassen. Wer nichts als Unheil proklamiert, kann nicht erwarten, daß in ihm eine Veränderung geschieht. Er steht sich ja selbst im Wege und blockiert damit den Heilungsprozeß.

Wer einmal an einer Depression erkrankt war, hat zwar keine

Immunität erlangt, doch kann er einem erneuten Ausbruch vorbeugen und schon bei den ersten Anzeichen einer Erkrankung eingreifen, um diesen ganzen Prozeß wieder zu stoppen.

In den bisherigen Ausführungen haben wir wiederholt auf das enge Ineinander von Geist, Seele und Leib hingewiesen. Dadurch wissen wir, daß ein körperlicher Vorgang durchaus positiv oder negativ beeinflußt werden kann. Das heißt nicht, daß wir jetzt einfach »Gesundheit« denken können, um sogleich ein entsprechendes Resultat zu erzielen. Aber wir können durch Gedanken der Hoffnung den körpereigenen Kräften eine Straße bauen, anstatt durch negatives Denken immer neue Blockaden zu errichten.

Vom Immunsystem unseres Körpers wissen wir, wie unser Körper Kräfte mobilisiert, die für eine gesunde Abwehr von Krankheitserregern sorgen. Ja, sind wir nicht manches Mal ganz überrascht, wie perfekt eine Wunde wieder geheilt ist? Aber eine Wunde kann nur heilen, wenn sie nicht durch äußere Einwirkungen daran gehindert wird. Würden wir sie jetzt wieder aufs neue aufreißen, könnte der Heilungsprozeß nicht in Gang gesetzt werden. Umgekehrt können wir unter Umständen sogar den Heilungsprozeß beschleunigen, sei es, daß wir dic Wunde sauber halten oder durch eine Salbe die Heilung unterstützen.

Auch unserer Seele können Wunden zugefügt werden, die bestimmte Voraussetzung für die Heilung brauchen. Eine dieser Voraussetzungen ist die *Vergebung;* die andere *das veränderte Reden und Denken.*

a) Geben Sie Ihrer Depression keine Chance!

Als Frau D. zu mir kam, lag eine tiefe Traurigkeit auf ihrem Gesicht. Sie starrte unentwegt vor sich hin und antwortete auf keine meiner Fragen. So sehr ich auch versuchte, ihre Gedanken zu erraten, gelang es mir doch offensichtlich nicht. Ich tippte in die eine Richtung, dann in eine andere. Aber mit keiner Miene verriet sie, ob ich auf der richtigen Spur war oder nicht. So vergingen zwanzig Minuten. Dann dreißig. Ich wußte, wenn sie wieder gehen würde, ohne gesprochen zu haben, wäre ihre Verzweiflung noch größer als vorher. Darum wollte ich sie aus diesem tiefen Loch herauslocken. Aber ich war ratlos. Und ich erkannte wieder einmal, wie bald wir Menschen an unsere Grenzen gelangen.

Plötzlich gab sie sich einen Ruck und fing an, Gedanken in Worte zu fassen. Zunächst stockend, unsicher, fast hilflos, dann immer sicherer: »Ich weiß, daß es lächerlich ist, aber ich will es trotzdem versuchen ...«

Es war das Wagnis des Vertrauens. Ein Sich-ausliefern an einen anderen. »Ich habe doch nichts mehr zu verlieren, also ist es mir ganz gleich, wie Sie über mich denken ...«

Und dann folgte ein Gedanke nach dem anderen. Eine Befürchtung nach der anderen. Eine Selbstanklage nach der anderen. Banale Dinge, die sich zu einem riesigen Berg aufgeplustert hatten. Und diese Gedanken, die sich tief drinnen formierten, wurden zu einer zwingenden Macht, von der sie sich allein nicht mehr zu befreien vermochte. Gerade diese Gedanken waren es, die sie in den Block legten. Sie mußten eine Stimme erhalten. Einmal ausgesprochen, war ihre Macht gebrochen. Jetzt konnten wir darüber reden. Und als sie erleichtert feststellte, daß ich auf ihre Gedanken einging und sie deshalb nicht verachtete, löste sie sich mehr und mehr. Es war wie ein Erwachen. Und plötzlich erkannte sie, daß man all diese Überlegungen und Befürchtungen auch von einer ganz anderen Warte her betrachten konnte. So fing sie an, sich in ihrer bisherigen Sicht der Dinge allmählich in Frage zu stellen. »Kann es wirklich sein, daß ich mich geirrt habe?« fragte sie.

Mit diesem Gespräch war ihre Depression noch lange nicht überwunden. Es brauchte viele Gespräche. Aber in dieses starre Gedankenchaos war Bewegung gekommen, so daß wir anfangen konnten, eine neue Basis zu bauen, ein tragfähigeres Fundament, das Vertrauen hieß und Hoffnung.

Aber die erste Hürde mußte sie selbst überspringen. Das konnte ich nicht für sie tun. Es kostete sie eine große Überwindung und kam einer Anstrengung gleich, als sollte sie mit aller Macht daran gehindert werden.

Solch einen inneren Kampf werden wir immer wieder erleben. Da heißt es: durchzuhalten. Nicht aufzugeben.

Ausgedehntes Schweigen während einer therapeutischen Sitzung kann eine Depression noch vertiefen. Jede Minute, die verstreicht, ohne daß der Depressive sich äußert, macht das Dilemma nur größer, so daß er schließlich davon überzeugt ist, ein »hoffnungsloser Fall« zu sein. So muß der inneren Stimme, die einen Menschen dazu überreden will, zu schweigen, widersprochen werden. Sie darf sich nicht zum Tyrannen aufspielen.

Es ist wahr, daß eine Depression einen Menschen so lähmen kann, daß auch die Fähigkeit, Gedanken zu formulieren, blockiert ist. Aber solch eine »Lähmung« ist psychologisch bedingt und muß durchbrochen werden.

Wenn Sie sich selbst in solch einer Gefühlsblockade befinden, fragen Sie sich: Warum schweige ich? Ist es, weil das Bild, das der andere von mir hat, nicht beschmutzt werden soll? Also: Stolz? Diese Hürde muß abgebaut werden. Der andere, dem Sie Ihre geheimen Gedanken verraten, hat auch seine Schwächen.

b) Aufarbeitung negativer Kindheitserlebnisse?

Enttäuschungen und Leiden der kindlichen Seele sind ernst zu nehmen und können nicht einfach abgetan werden. Gerade diese frühen Eindrücke können prägend sein für die spätere Entwicklung. Hier wird gleichsam der Grundstein gelegt für das Werden einer Persönlichkeit. Aber andererseits wäre es auch nicht vertretbar, wenn zu viel Gewicht auf frühe Erfahrungen gelegt wird, als seien sie ein Schicksal, dem nun das ganze Leben verfällt.

Es ist gut, wenn das eine oder andere Erleben später noch einmal bewußt verarbeitet werden kann, so daß es jetzt nicht mehr von der Warte eines verwundeten Kindes, sondern von der eines Erwachsenen gesehen wird. Je nachdem, wie belastend eine Erfahrung sich in der Seele eines Kindes eingegraben hat, liegt ein Schatten über dem Wesen dieses Menschen. Wenn aber jetzt Licht hineinfällt, kann dieser Schatten zum Segen werden; denn ein Schatten läßt das Licht sogar noch heller scheinen.

Was bedeutet das praktisch?

Es mag sein, daß durch ein negatives Erlebnis die Weichen für die spätere Entwicklung gestellt wurden. Aber wenn ein Mensch von fünfzig Jahren noch immer von seiner ödipalen Phase spricht und meint, Versäumtes nachholen zu müssen, so ist das eine Tragik;

denn es zeigt, daß dieser Mensch nicht mitgewachsen ist. Irgendwo ist er noch immer das verletzte Kind, das Vergeltung sucht.

Ständiges Zurückschauen und Graben in der Vergangenheit führt zu keiner Befreiung. Irgendwann muß ein Mensch an den Punkt gelangen, an dem er das Vergangene vergangen sein läßt. »Gedenket nicht an das Vorige und achtet nicht auf das Frühere! Denn siehe, ich will ein Neues schaffen, jetzt wächst es auf, erkennt ihr's denn nicht?« So ruft Gott seinem Volk zu. (Jes. 43,18.19)

Solange ein Mensch noch immer zurückschaut und meint, zu kurz gekommen zu sein, kommt er von dieser stillen Klage nicht los und versäumt dadurch, selbst die Verantwortung für sein Leben zu übernehmen.

Es ist wahr, wenn wir ein Haus bauen wollen, muß zunächst das Fundament gelegt sein. Und das bedeutet, der Platz muß von dem ganzen Schutt und Gerümpel befreit werden. Oft müssen viele Container voller Müll und Abfall abtransportiert werden, bevor die eigentliche Aufbauarbeit beginnen kann.

Ähnlich ist es in unserem Leben. Zuerst muß eine Generalreinigung erfolgen. All das, was nicht tragfähig ist, was hindert, muß in den Container. Dazu gehören alle bitteren Gedanken und Erinnerungen. Der versteckte Groll. Auch das Selbstmitleid. Und das Schielen nach dem, was der andere hat.

Aber wenn wir immer wieder neu all den Schutt aus dem Container herausholen, kann mit dem eigentlichen Bau nicht begonnen werden.

Es mag sein, daß das Gebäude so baufällig ist, daß es bis auf die Grundmauern abgerissen werden muß, weil schon der Grund so morsch ist, daß er nicht tragfähig wäre. Vielleicht können einige Mauern bleiben, so daß die Fassade zwar erhalten ist, das Haus von innen jedoch ganz neu gestaltet wird, bis es eine Freude ist, darin zu wohnen.

Wer sein Leben neu gestalten will, der muß Gott bitten, Architekt und Baumeister zu sein. Dann wird Er kommen und zunächst den Platz besichtigen und dann den weiteren Aufbau planen.

Vielleicht handelt es sich um ein altes, halb verfallenes Gebäude, das jetzt renoviert werden soll. Er wird entscheiden, was noch brauchbar ist und was nicht. Denn Er hat eine Idee, eine Vorstellung, wie das Ganze werden soll. Dann werden wir mit Ihm von einem Raum zum anderen gehen und Ihm Einblick gewähren auch in den hintersten Winkel. Und vielleicht wird gerade diese letzte Rumpelkammer das schönste Prunkstück im neuen Haus!

So geben wir Gott Einblick in unsere Vergangenheit.

Natürlich kennt Er uns, viel besser, als wir uns selbst je kennen könnten. Aber Er zwingt uns nicht, die verborgenen Kammern zu zeigen. Er drängt sich uns nicht auf. Er will, daß wir uns Ihm freiwillig öffnen, uns Ihm anvertrauen. Erst dann wird Er mit dem Bau beginnen und nach Seiner Vorstellung etwas ganz Neues entwerfen. So gehen wir mit Ihm von Raum zu Raum, von Station zu Station.

Und wenn wir ein Erleben nach dem anderen, eine Enttäuschung nach der anderen Ihm ausliefern, kann Er das Vorhandene verwandeln. Dann kann Gott als der Schöpfer all diese scheinbar verlorenen Jahre in einen Segen umprägen. So kann letztlich diese belastete Zeit reicher und wertvoller werden als eine schattenlose Kindheit und Jugend ohne Tränen. Und dann wird es uns nicht schwerfallen, zu vergeben. Denn warum sollten wir jetzt noch länger an der Bitterkeit festhalten? Was könnte sie uns nutzen? Und wäre es nicht töricht, immer wieder neu alles aufzureißen? Es geht doch darum, daß das Haus endlich bewohnt werden kann. Daß wir auch anderen ein Zuhause geben.

c) Schuld und Schuldwahn

In fast jeder Depression spielt der Schuldgedanke eine mehr oder weniger wichtige Rolle.

Es gibt viele Diskussionen, und viele Bücher werden geschrieben, um zu beweisen, daß der Mensch schuldfrei sei, daß es so etwas wie Verantwortung nicht gebe.

Aber das ist ein Irrtum.

In meiner Praxis erlebe ich es beinahe täglich, daß der Mensch sehr wohl weiß, daß er schuldig geworden ist. Zwar versucht er häufig, seine Schuld abzuschieben oder zu verharmlosen; aber damit wird er sie nicht los.

Diese Schuld kann auf sexuellem Gebiet liegen; sie kann sich aber auch sonst irgendwo im zwischenmenschlichen Bereich verstecken oder in der Beziehung zu Gott zu suchen sein. Es gibt so viele Möglichkeiten, wo ein Mensch gegen das Gesetz der Liebe verstößt, die Freiheit eines anderen antastet oder sich etwas aneignet, was ihm nicht zusteht.

Das quälende Schuldbewußtsein wird wiederholt in den Psalmen zum Ausdruck gebracht. Da heißt es dann etwa:

> . . . Deine Pfeile stecken in mir,
> und deine Hand drückt mich.
> Meine Sünden wachsen mir über den Kopf.
> Wie eine schwere Last
> sind sie zu schwer
> für mich.
> Ich bin ermattet
> und ganz zerschlagen.
> Ich schreie aus dem Stöhnen
> meines Herzens.
> Ich bekenne meine Schuld
> und bin bekümmert
> wegen meiner Verfehlung . . . (aus Psalm 38)

Oder an anderer Stelle:

> . . . Wasche mich rein
> von meiner Missetat!
> Reinige mich von meiner Sünde!
> Denn ich kenne meine Übertretungen,
> und meine Sünde
> habe ich stets vor Augen.
> . . . Schaffe in mir, Gott,
> ein reines Herz,
> und gib mir einen neuen, beständigen Geist.
> Verwirf mich nicht
> von deinem Angesicht,
> und nimm deinen heiligen Geist
> nicht von mir.
> Erfreue mich wieder
> mit deiner Hilfe,
> und mit einem willigen Geist rüste mich aus.
> (aus Psalm 51)

Jedes ernst gemeinte Schuldbekenntnis hat göttliche Verheißung. In dieser unserer Niederlage will Gott uns begegnen. Darin liegt unsere Hoffnung. Die Hoffnung eines Neubeginns durch die Vergebung, die Jesus Christus durch sein Sterben uns ermöglicht und durch seine Auferstehung besiegelt hat.

Schuld kann nicht wegdiskutiert, sie kann nur vergeben werden. Wir können sie auch nicht sühnen. Vergebung ist ein Geschenk der Liebe. Zeichen des Angenommenseins von Gott.

Wenn ich mich angenommen weiß, brauche ich mich selbst nicht abzulehnen.

Immer wieder begegne ich Menschen, die meinen, dieses Angenommensein bezahlen zu müssen, als wollten sie ihre Schuld in Raten abzahlen durch vermehrte Leistung.

Eine materielle Schuld kann durch eine Leistung ausgeglichen werden, aber eine ideelle oder moralische Schuld nicht. Wir alle sind vor Gott schuldig geworden. »Da ist nicht einer, der Gutes tut, auch nicht ein einziger« (Röm. 3,23). Es geht nun nicht darum, daß Schuld verharmlost wird nach dem Motto: Es wartet bereits die Vergebung. Wer daran denkt, was es Gott gekostet hat, zu vergeben, wird mit diesem Geschenk nicht leichtfertig umgehen können.

Wir haben bisher von einer realen Schuld gesprochen. *Doch vielen Depressionsformen liegt nicht eine tatsächliche Schuld zugrunde, sondern eine Schuldidee.* Diese Menschen konstruieren Schuldgedanken, die wie ein Wahn sich festsetzen. Alles wird ihnen zur Schuld. An jedem Geschehen glauben sie, mitschuldig zu sein. Was auch wo passiert, irgendwie finden sie einen schuldhaften Zusammenhang. Und diese Schuldidee werden sie einfach nicht los.

So kann ein Mensch von der Idee eingenommen sein, nicht nur an der Erkältung seines Kindes schuld zu sein, sondern auch an dem Erdbeben in Peru. Er begründet diese Selbstanklage damit, er hätte dieses oder jenes unternehmen können, um es zu verhindern, zu warnen, was auch immer. Gute Freunde mögen bemüht sein, dem Betreffenden klar zu machen, daß diese Schuldgedanken nicht realistisch sind. Aber der Kranke ist einfach nicht von seiner Überzeugung abzubringen.

So kann schließlich vermeintliche Schuld zu einer tatsächlichen

Schuld werden, wobei nicht die Schwere der Schuld das eigentliche Problem darstellt, sondern das Verharren in dieser – wenn auch eingebildeten – Schuld.

Doch Schuld oder nicht, wo sind da die Grenzen zu ziehen? Wo fängt Schuld an, wo hört sie auf? Nach welchem Maßstab wollen wir richten? Und ist es überhaupt unsere Aufgabe, hier zu entscheiden?

Die Schuldtoleranz ist bei jedem unterschiedlich. Wird für den einen schon ein unfreundliches Wort zur quälenden Schuld, mit der er sich tagelang herumplagt, so fängt bei einem anderen erst bei Mord die Schuld an – wenn überhaupt, und bei Ehebruch plädiert er für schuldlos.

Wir alle leben von der Vergebung. Der Depressive aber kann die Vergebung nicht annehmen. Er läßt sie für andere gelten, theoretisch auch für sich. Doch in der Praxis will er sühnen.

Wenn ein depressiver Mensch unentwegt über ein vermeintliches oder auch tatsächliches Versagen nachgrübelt und mit Selbstvorwürfen sich zerquält, müssen wir uns wieder fragen: Was steckt dahinter?

Ist es die Vorstellung, in allem perfekt sein zu müssen?

Und wenn er merkt, daß er diesem Soll-Bild von sich selbst nicht entspricht, ist sein Stolz verletzt. Er bestraft sich selbst mit einer Depression.

Auf diese Weise ließe sich vielleicht psychologisch solch ein versteckter Mechanismus rekonstruieren.

Aber treffen wir damit den eigentlichen Kern?

Wenn wir sehen, wie sich dieser Mensch zerquält und immer wieder dieselbe Anklage gegen sich selbst erhebt, spüren wir, daß hier ein Zwang vorliegt, aus dem sich ein Mensch so ohne weiteres gar nicht lösen kann. So wird eine Schuldidee zwanghaft verarbeitet. D.h. im Grunde wird sie eben nicht verarbeitet, sondern nur endlos diskutiert.

Echte Schuld kann nicht durch das Medikament Imipramin gelöst werden, sondern nur durch eine bewußt empfangene Vergebung. Aber ein Schuldwahn mit Zwangscharakter kann durch Medikamente seine Intensität verlieren. Und sobald der Mensch zur Entspannung gekommen ist, wird es ihm leichter, die Vergebung für sich selbst anzunehmen.

2. Das Zusammenspiel von Denken und Fühlen

a) Der Umschwung

Jeder von uns wird aus eigener Erfahrung bestätigen, wie eng Denken und Fühlen zusammenhängen. Als klassisches Beispiel können wir Ahab zitieren, den schon genannten König Israels zur Zeit des Propheten Elia. Er hat eine schmerzliche Niederlage einstecken müssen. Wieder einmal. Es war schon seit geraumer Zeit ein Kräftemessen zwischen ihm und dem Propheten. Die größte Demütigung hatte er am Berg Karmel erlitten, als er zusehen mußte, wie sein Feind den Sieg davon trug. Vermutlich zehrte diese Niederlage noch immer an ihm. Aber er merkte, daß er gegen den Propheten nichts ausrichten konnte. So wollte er sich seinem Hobby zuwenden und Gemüse züchten. So oft er aus dem Fenster blickte, schweiften seine Augen über das Land. Das alles gehörte ihm. Aber da war dieser Weinberg. Er grenzte unmittelbar an den Palast. Es wäre der ideale Platz für einen Gemüsegarten. Dieser Weinberg hatte nur einen Fehler: Er gehörte nicht dem König, sondern einem Bürger aus dem Volke Israel.

Nun durfte nach dem göttlichen Gesetz das Land der Väter nicht verkauft werden, da es den einzelnen Stämmen erhalten bleiben sollte (4. Mose 36,7). Aber Ahab hatte seine eigenen Pläne mit diesem Land. Doch der eigentliche Besitzer wollte nicht. Daß er, der König, jetzt nicht seinen Willen durchsetzen konnte, erregte ihn so sehr, daß er sein Essen verweigerte und sich ins Bett legte (1. Kön. 21,4). Hier sehen wir den König mit depressiven Symptomen, die durch eine Enttäuschung und empfundene Demütigung hervorgerufen wurden. Aber diese Symptome verschwanden in dem Augenblick, als seine Frau Isebel ihm ihren Plan unterbreitete. Da erwachte die Hoffnung, daß er doch noch sein Ziel erreichen würde.

An diesem Beispiel wird das Zusammenspiel von Denken und Fühlen deutlich. Er dachte: Ich kann mein Ziel nicht erreichen und meinen Willen nicht durchsetzen. Die Folge war: Er hatte keinen Appetit mehr, er nahm nicht mehr an dem gewohnten Leben teil, zog sich zurück. Mit anderen Worten: Er streikte. In dem Augenblick jedoch, als er erneut anfing zu hoffen, kehrte der alte Lebenswille zurück. Er wurde wieder ansprechbar und aktiv – leider in der verkehrten Richtung, nämlich zum Mord an seinem Nachbarn.

b) Gefühle denken

Daß ein Zusammenhang zwischen Denken und Fühlen besteht, können wir anhand ganz banaler Beispiele am besten erkennen. Da ist eine junge Dame. Bevor sie das Haus verläßt, sagt ihr ein letzter Blick in den Spiegel, daß alles in Ordnung ist. Die Frisur sitzt, die Kleidung hat den nötigen Chique – sie fühlt sich dem Tag gewachsen. Man spürt ihr sicheres Auftreten, sei es auf der Straße, im Geschäft oder unter den Kollegen. An ihrem ganzen Verhalten merkt man, was sie von sich selbst denkt.

Dann, auf dem Nachhauseweg in der Straßenbahn, merkt sie zufällig, daß ihr Strumpf ein großes Loch aufweist. Sie erschrickt, wird verlegen. Sie spürt, wie sie errötet; das verunsichert sie noch mehr. Sie hat das Gefühl, alle Menschen würden nur auf ihre Strümpfe starren. Sie weiß kaum noch, wie sie sich bewegen soll. Wie sie sich auch dreht, es ist, als würden ihr alle Blicke folgen.

Das Loch war schon viele Stunden da. Aber die junge Dame wußte es nicht, also konnte sie sich ganz unbekümmert und frei bewegen. Die Tatsache als solche hatte sich nicht geändert. Nur die Einstellung der Dame war eine andere geworden.

Dieses Beispiel können wir beliebig übertragen, denn das Prinzip bleibt das gleiche.

Nicht das Geschehen selbst ist es, was uns Schwierigkeiten bereitet, sondern wie wir darüber denken. Das ist entscheidend.[1] Denken hat primär mit unserem Geist zu tun und regt den Verstand an. Doch darüber hinaus hat es eine Auswirkung auch auf das Gefühl, so daß wir als nächstes Verstand und Gefühl etwas genauer definieren möchten.

c) Verstand oder Gefühl

Wir machen leicht den Fehler, unseren Verstand als etwas Absolutes anzusehen, das uns von Geburt an mitgegeben wurde, dem einen mehr, einem anderen vielleicht weniger.

Aber Verstand ist nicht nur die intellektuelle Merkfähigkeit, sondern er ist gekoppelt mit der Vernunft und somit auch fähig zu kombinieren und Schlüsse zu ziehen. In der Scholastik wurden *sensatio* (Sinneswahrnehmung), *ratio* (Fähigkeit der begrifflichen Verarbeitung) und *intellectus* (Ideenbildung oder Intellekt) unterschieden, wobei *ratio* mit Vernunft übersetzt wurde und *intellectus* mit Verstand. Seit Kant wird das Vermögen der Begriffsbildung als Verstand, das der Ideenbildung als Vernunft bezeichnet.[2]

Doch wollen wir hier nicht in philosophische Spekulationen abgleiten, vielmehr aufzeigen, daß unser Denken sowohl Verstand als auch Vernunft umfaßt und geprägt wird durch das, was wir – sei es bewußt oder unbewußt – aufnehmen.

Das, was wir wahrnehmen, in uns hineinlassen, wird mit Hilfe des Gefühls verarbeitet. Es wird gespeichert und kann wieder abgerufen werden. Je intensiver unser Gefühl dabei beteiligt war, desto nachhaltiger ist auch die Erinnerung.

Durch unsere Gedanken und unser Reden, schon durch das, was wir hören, nähren wir unseren Verstand. So wird der Verstand aufgebaut durch das, was wir ihm vorsetzen. Aber was wir denken beeinflußt nicht nur unseren Verstand, sondern eben auch unser Gefühl.

Da dieser Zusammenhang so bedeutungsvoll ist, werden wir immer wieder darauf zurückkommen. Denn wenn uns dieses Zusammenspiel wirklich bewußt geworden ist, können wir anfangen, uns zu verändern: neu zu »programmieren«.

Mit unseren Gedanken, seien sie nun gut oder schlecht, speisen wir unsere Seele und bauen damit unseren Charakter, Stück um Stück. Jeder Gedanke ist wie ein Baustein.

Welche Qualität nun die einzelnen Bausteine haben, entscheiden wir selbst. Der eine wählt Holz, ein anderer Stroh, und wieder ein anderer vielleicht Gold. So wird die Persönlichkeit gebaut. Wie diese Persönlichkeit dann aussieht, wird sich im Alltag zeigen, wo sie sich zu bewähren hat.

»Von welcher Art eines jeden Werk ist, wird das Feuer erweisen,« sagt Paulus (1. Kor. 3,13).

Gedanken sind das Grundmaterial, mit dem wir unser Leben aufbauen. Und je nachdem, welche Qualität unsere Gedanken haben, wird dann auch der Bau, der damit entsteht, gut oder schlecht sein. Man wird sich darin zuhause fühlen oder heimatlos sein. Wenn wir ein friedvolles Zuhause suchen, müssen wir Gedanken denken, die in uns diesen Frieden schaffen.

Wenn wir glücklich sein möchten, müssen wir solche Gedanken in uns beherbergen, die dieses Glücklichsein ermöglichen.

Wer Erfolg erzielen will, muß sein Denken auf den Erfolg richten und nicht sich auf den Mißerfolg konzentrieren. Denn wenn ich von einem später zu erhoffenden Erfolg ausgehe, bin ich ganz anders motiviert, mich dafür einzusetzen.

Und wer glücklich sein möchte, muß über das nachdenken, was zu diesem Glück beiträgt.[3]

Wieder ist es der Apostel Paulus, der uns hier Rat gibt: »Was wahrhaftig ist, was ehrbar, was gerecht, was rein, was liebenswert, was einen guten Ruf hat, sei es eine Tugend, sei es ein Lob – *dem denket nach*« (Phil. 4,8).

Wenn wir solche positiven Gedanken in uns beherbergen, wird auch unser Verhalten positiv geprägt. Und wenn ich etwas Positives tue, schwingt das in mir nach. Das Echo kommt gleichsam wieder zu mir zurück. Ich freue mich. Und Freude ist ein Gefühl mit einer Ausstrahlung. Das heißt, sie beeinflußt nicht nur mich selbst, sondern auch meine Umgebung.

Dasselbe gilt genauso umgekehrt: Wenn ich negativ über eine Sache denke, kommt Ärger in mir auf. Ärger, Zorn, Empörung – all das sind negative Gefühle.

Ich kann nicht etwas Negatives denken und gleichzeitig entspannt sein und glücklich. Wenn ich negative Gedanken in mir beherberge, bin ich angespannt und erregt. Je nachdem, wie massiv mein Ärger ist, kommt es zu all den uns schon vertrauten Reaktionen. Und dieser Ärger strahlt auch aus mir heraus und vergiftet meine Umgebung.

Wenn ich nun meinen Verstand bewußt mit guten Gedanken und Vorstellungen nähre, reagiere ich automatisch mit einem guten Gefühl.

Wenn ich hingegen meinen Verstand Tag für Tag mit negativen Befürchtungen füttere, wird auch mein Gefühl negativ reagieren. Und bekanntlich ist der Sog zum Negativen stärker als zum Positiven; so weiß man, daß zwar ein schlechter Apfel einen guten ansteckt, doch nicht umgekehrt. Da sagt uns unsere Vernunft, daß das Faule herausgeschnitten werden muß, damit es nicht noch mehr Schaden anrichtet und schließlich der ganze Apfel ungenießbar wird.

Bei einer Dekompensation – handelt es sich nun um einen Ausnahmezustand oder eine Depression – herrscht das Gefühl, genauer gesagt: das negative Gefühl. Dieses Gefühl ist so übermächtig, daß es den ganzen Menschen beherrscht, ohne selbst beherrscht zu werden. Als hätte sich das Gefühl selbständig gemacht und würde schließlich auch das Denken in seinen Bann zwingen.

Dabei kann dieser Mensch davon überzeugt sein, daß sein Denken richtig ist. Doch sein Denken ist jetzt Ausdruck seiner Krankheit. Bei einer Krankheit läuft das Denken unter einem Zwang ab und wird nicht mehr durch den Verstand kontrolliert. Das Gefühl »denkt« und hat somit die Kontrollfunktion des Verstandes übernommen.

Es gibt Menschen, bei denen verhält sich das Zusammenspiel von Verstand und Gefühl in einem Extrem, da heißt es: entweder – oder. Wie bei einem Geldstück.

Nehmen wir ein Fünfmarkstück. Es besteht aus zwei Seiten, der Zahlseite und der Adler-Seite. Steht die Zahlseite für den Verstand, so die Adler-Seite für das Gefühl. Jedesmal nun, wenn der Adler oben ist, ist die Zahl verdeckt. Aber auch umgekehrt: Liegt die Zahl aufgedeckt, so ist der Adler gleichsam unter Kontrolle.

Übertragen wir dieses Bild auf die Emotionen, so stellen wir fest, daß jedesmal dann, wenn das Gefühl überstark ist, der Verstand ausgeschaltet ist. Wenn es nun dem Verstand gelingt, das Gefühl zu beherrschen, atmet der Kranke auf.

Seine Krankheit ist wie eine Balancestörung von Verstand und Gefühl.

Obwohl das Gefühl in einem Ausnahmezustand, also einer depressiven Dekompensation, dominant ist, wollen wir versuchen, über den Verstand dieses Gefühl wieder unter Kontrolle zu bringen. Und das ist grundsätzlich möglich.

Wenn es aber möglich ist, heißt das doch, daß wir Gefühle denken können!

d) *Blitzgedanken*

Plötzlich ist diese innere Diskussion im Gang. Wie alles angefangen hat? Ganz unbemerkt. Und dann fiel mitten in diese versteckte Auseinandersetzung ein Gedanke. Wie ein Blitz. Vielleicht war es nicht einmal ein zusammenhängender Gedanke. Nur ein Bruchstück. Ein Gedankensplitter. Aber schon dieser Splitter genügte; denn wir wissen, was er bedeutet. Vielleicht wehren wir uns instinktiv dagegen, wollen diesen Gedanken nicht beherbergen. Wir drängen ihn zurück. Wagt er sich deshalb nicht gänzlich hervor?

Es ist kein guter Gedanke. Etwas Häßliches. Gemeines. Obszönes. Vielleicht ein heimlicher Mordgedanke. Vielleicht ein lustvoller Gedanke. Vielleicht ...

Da ist ein junger Mann, Anfang dreißig. Sein ganzes Leben ist chaotisch. Nachdem seine Eltern sich scheiden ließen, hatte er kein Zuhause mehr. Er fing an, alles zu hassen. Am meisten aber seinen Vater. Hatte er nicht das ganze Leben ruiniert? Und dann eines Tages, war er da, dieser eine Gedanke: Wenn »er« nicht mehr da wäre ... Der junge Mann erschrak, er wollte diesen Gedanken nicht. Aber jetzt konnte er ihn nicht mehr einfangen. Immer wieder kehrte er zurück. Sooft er dem Vater begegnete. Und dann auch, wenn er ihn nicht sah.

Hier hatte es Jahre gedauert, bis schließlich dieser »Blitz« einschlug. Er ist gleichsam aus den dunklen Wolken eines versteckten Hasses gekommen.

Aber solch ein Blitz kann auch aus heiterem Himmel kommen.

Da ist eine junge Mutter. Voller Freude betrachtet sie ihr erstgeborenes Kind. »Bring es um!« Die Mutter zuckt zusammen. Welch ein absurder Gedanke. »Ohne dieses Kind bist du freier.«

»Aber ich habe dieses Kind gewollt«, versucht die Mutter zu diskutieren. Seitdem kehrt der Gedanke zurück. Immer wieder. Jeden Tag. Wie ein Zwang.

Dann wird der Gedanke dreister. Und eines Tages, als ihr Mann nach Hause kam: zunächst Angst, ein ähnlicher Gedanke könnte sich nun auch auf ihren Mann übertragen. Und als hätte diese Angst dem Gedanken einen Namen gegeben, wagt er sich hervor: »... wenn er nicht wäre ...«

Wie oft begegnen mir Menschen, die von ähnlichen Gedanken geplagt werden. Sie wehren sich verzweifelt – und kommen doch nicht dagegen an. Ein junger Ehemann. Er ist glücklich mit seiner Frau. Er wäre nie auf den Gedanken gekommen, eine andere zu wollen. Er liebt sie. Und während er sie in den Armen hält, taucht das Bild einer anderen auf. Wie absurd. Er erschrickt. Er fühlt sich schuldig. Er versucht, sich zu verteidigen: »Das ist nicht wahr. Ich will keine andere . . .«

Wenn Gedanken Mächte werden, wehren Sie sich nicht. Sie werden Ihnen nichts tun, wenn Sie selbst in Gott geborgen sind.

Doch wenn sie immer wiederkehren, dann blicken Sie ihnen frei ins Gesicht und decken Sie auf. Und Sie werden erfahren, daß sich Gedanken auflösen – wie ein Dunst.

e) Das heimliche Zwiegespräch

Ob wir in der Schule sind oder im Büro. Ob wir mit dem Auto durch die Gegend fahren, oder ob wir am Herd stehen und kochen. Ob wir einer Predigt zuhören oder in Musik versunken sind, ja, selbst wenn wir uns mit anderen unterhalten: Plötzlich schießt ein Gedanke durch unseren Kopf. Wie sollen wir uns verhalten?

So tun, als gäbe es ihn nicht?

Aber er ist da.

Anfangen zu diskutieren?

Damit wird er unter Umständen nur dreister.

Diese innere Diskussion in uns ist so bedeutungsvoll, daß wir hier noch einmal näher darauf eingehen möchten.

Vielleicht haben Sie bereits resigniert. Sie winken müde ab und denken: »Ich gebe auf. Ich habe es hundertmal versucht und bin hundertmal enttäuscht worden. Das alles mag für andere gut sein; aber nicht für mich.« Und während Sie so denken, merken Sie, daß die Traurigkeit wie ein Schwert Sie durchdringt. Sie empfinden diesen Schmerz. Ist es Selbstmitleid? Ist es Bitterkeit? Enttäuschung?

Vielleicht ist es Selbstmitleid. Vielleicht ist es Bitterkeit.

Vielleicht auch Enttäuschung. Sie denken: »Es hat ja doch keinen Sinn. Es wird sich nichts ändern.«

Wirklich? Woher wissen Sie das?

Sie: »Weil es immer so gewesen ist.«

Aber das heißt doch nicht, daß es auch diesmal so sein wird.

Sie: »Das mag für andere gelten; aber nicht für mich.«

Doch was für andere gilt, kann genauso auch für Sie Gültigkeit haben.

Nun könnten Sie aber auch ganz anders denken:

»Ich habe es hundertmal versucht und bin hundertmal enttäuscht worden. Einmal wird es auch mir gelingen. Solange ich noch aufstehen kann, werde ich es versuchen, bis ich es schaffe. Und dann wird der Sieg auf meiner Seite sein.«

Diese Hoffnung bedeutet Kraft. Schöpferische Kraft, mit der wir etwas Neues schaffen können.

Darum achten Sie auf dieses heimliche Zwiegespräch, das sich in Ihrem Inneren vollzieht. Seien Sie nicht einfach stummer Zeuge, sondern greifen Sie in diese innere Diskussion ein!

Als Jesus von Satan in der Wüste versucht wurde, nahm er seine Zuflucht zum Wort Gottes, der Heiligen Schrift. Obwohl auch Satan mit diesem Wort argumentierte, kannte doch Jesus den großen Zusammenhang und hatte das Ziel Gottes im Auge: das Heilwerden des Menschen, die Erlösung.

Darum können wir all das, was uns herunterzuziehen versucht, abweisen. Denn wir kennen das Ziel Gottes mit uns: unser Heilsein. Wenn wir einem negativen Gedanken zuhören, wird er uns einfangen. Denn schon gehen wir auf ihn ein. Vielleicht sogar geben wir ihm recht:

»Der andere ist besser . . . Kann mehr . . . Hat mehr Erfolg . . . Ich werde es zu nichts bringen . . . Das hat mein Vater auch gesagt . . . Und habe ich es nicht oft genug bewiesen? Hier habe ich versagt. Und dort gefehlt . . .«

Und schon sind wir mitten drin in der Diskussion.

Gedanken der zersetzenden Selbstkritik können so vertraut werden, daß sie ganz automatisch ablaufen, als hätten sie sich selbständig gemacht und von der willentlichen Steuerung losgelöst.[4] Alles dreht sich in den vertrauten Bahnen. Und diese Bahnen sind die Art und Weise, wie wir die Dinge beurteilen.

Da sind die *negativen Verallgemeinerungen* oder Übergeneralisierungen, mit denen wir von einem Extrem zum anderen springen.

Solch ein absolutes Pauschalurteil kann zu einem Denkmuster werden, wenn wir uns nicht korrigieren. Die bekannteste Übergeneralisierung ist:

Ich kann nichts.[5] Ein kleiner Mißerfolg kann eine derart überzogene Reaktion zeigen, daß wir sogleich zu dem Schluß kommen: Ich kann *nichts.* Und zur Bestätigung dieses Urteils werden negative Erlebnisse herbeigeholt: Dort ist etwas nicht so gelungen, wie ich es gerne gehabt hätte; und hier habe ich versagt und da offensichtlich eine falsche Wahl getroffen, und auch in dieser Sache wurde ich kritisiert; also: Es geht *alles* schief. Was ich auch anfange, mir gelingt *gar nichts.* Warum soll ich mich dann überhaupt noch anstrengen? Die andern haben es viel besser.

Und weil das so ist, ergibt sich der Schluß wie von selbst: *Ich bin nichts.*

Und wieder werden Beweise herangezogen, um diese Bilanz zu bestätigen. Aber vielleicht macht man sich nicht einmal mehr die Mühe. Die Tatsache als solche ist schon überzeugend genug; denn: *Alle* sagen das.

Alle?

Vielleicht wird wirklich der eine oder andere herangezogen; aber damit ist die Auflistung bereits am Ende. Man selbst hat dieses Urteil über sich gefällt: Weil ich *nichts* kann, bin ich *nichts.*

Unser Wert ist nicht abhängig von Leistung.

Und sind diese wenigen Stimmen, die uns kritisieren, wirklich so bedeutungsvoll, um das ganze Leben zu bestimmen?

Die empfundene Ablehnung bezieht sich unter Umständen nicht einmal auf uns selbst, sondern nur auf ein bestimmtes Verhalten.

Wenn diese verurteilenden pauschalisierenden Gedanken in uns aufkommen, gilt es zu widersprechen:

»Diese oder jene Sache ist mir nicht so gelungen, wie ich es gerne gehabt hätte; aber beim nächsten Mal werde ich es anders machen. Auch anderen gelingt nicht immer alles.« Oder: »Ich habe mich diesmal geirrt. Es tut mir leid. Ich hätte es besser wissen sollen. Beim nächsten Mal werde ich behutsamer sein.«

Nicht stehen bleiben bei dem einen oder anderen Mißerfolg. Das Leben geht weiter. Es gibt neue Möglichkeiten und neue Gelegenheiten, in denen wir uns aufs neue bewähren können.

Vielleicht haben auch Sie sich das schon hundertmal und mehr vorgeredet, immer wieder: »Ich kann nichts.« Und was Sie dann unternahmen, schien diese Behauptung noch zu unterstreichen, so daß sich in Ihnen diese Überzeugung gefestigt hat.

Solch ein falscher Glaube muß korrigiert werden. Wie das praktisch aussieht?

Vielleicht wieder folgendermaßen:

Sie: »Bei mir geht alles schief.«

Wirklich alles?

Sie: »Nichts, was ich mir vorgenommen hatte, habe ich erreicht. Es hat doch alles keinen Sinn. Jetzt versuche ich es erst gar nicht mehr.«

Als Sie dieses Buch zur Hand genommen hatten, geschah es doch nicht, um Ihr negatives Urteil über sich selbst zu bestätigen.

Ist es nicht wie ein Sehnen, ein Schimmer Hoffnung?

Und damit fangen wir an. Mit diesem Schimmer Hoffnung. Bis dieser Schimmer immer heller wird und überzeugender und schließlich die Schatten der Nacht zurückdrängt. Und dann werden Sie rückblickend erkennen, wie trügerisch Ihr bisheriges Bekenntnis war. Darum: Achten Sie auf Ihre Selbstgespräche!

f) Falsche Vorstellungen

Nicht nur negative Verallgemeinerungen, auch falsche Vorstellungen sind ein Hindernis, um glücklich und ausgeglichen zu sein. Eine dieser falschen Vorstellungen wäre:

Niederlage = Katastrophe

Eine verlorene Schlacht ist noch kein verlorener Krieg. Eine Niederlage kann uns Schwachstellen aufdecken. Und an diesen schwachen Stellen können wir dann arbeiten, um es beim nächsten Mal besser zu machen. Was bedeutet schon ein Rückzug! Als General McArthur mit seinen Truppen geschlagen und zum Rückzug von den Philippinen gezwungen wurde, hieß es: »Eine Schlacht kann man verlieren; aber den Krieg verlieren wir nicht. Wir werden wieder zurückkommen.«

Das gilt nun nicht als Prinzip. Eine Niederlage kann uns auch zeigen: Hier habe ich mich übernommen. Das ist nicht meine Begabung. So wenden wir uns einer anderen Richtung zu. Es gibt Möglichkeiten einer Wahl. Wenn wir einfach stur einen Gedanken verfolgen, kann es geschehen, daß wir auch ein zweites Mal unterliegen. Aber selbst das wäre kein Unglück, dem wir nicht irgendwie wieder eine positive Seite abgewinnen könnten.

Nicht alles Negative, das uns widerfährt, ist eine Katastrophe.[6] Wenn wir solch eine Vorstellung in unseren Gedanken jedoch stets wiederholen, wird sie betoniert, bis wir am Ende selbst davon überzeugt sind. So haben wir es mit einem *erlernten Denkmuster* zu tun.

Das bedeutet ja nicht, daß wir die Niederlage suchen. Aber wenn sie da ist, wehren wir uns auch nicht. Denn brauchen wir nicht auch diese Erfahrungen, um daran zu reifen? Enttäuschungen und Niederlagen wirken manches Mal wie ein Unwetter. Sie sind wichtig für die Ernte. Wenn jetzt natürlich ein Unwetter nach dem anderen über uns hereinbrechen würde, könnte die Ernte nicht eingebracht werden, und unter Umständen würde sie verderben.

Daher müssen Niederlagen in rechter Weise in unser Leben integriert werden.

Nun gibt es zwei Möglichkeiten einer positiven Verarbeitung:

1. Das Negative wird umgepolt, indem ich es verändere.

Wenn ich es nicht verändern kann, wird es

2. akzeptiert. Dann lasse ich es geschehen und den Dienst ausrichten, zu dem es gegeben ist. Dann nehme ich diese Niederlage als Werkzeug Gottes, mit dem mein eigentliches Wesen herausgearbeitet werden soll.

Wenn eine Niederlage zu einer Katastrophe wird, liegt es an meiner Einstellung zu diesem Ereignis. Dann kann es in der Tat zerstören.

g) Falsches Selbstkonzept

Ich brauche Anerkennung

Natürlich ist es angenehmer, anerkannt, anstatt abgelehnt zu werden. Aber unser Wohlergehen darf nicht von der Anerkennung abhängig sein.

Wenn wir bei der geringsten Kritik wie von einer Woge überschwemmt und zu Boden gerissen werden, ist irgend etwas mit unserem Selbstkonzept nicht in Ordnung. Wenn wir unser Tun auf Anerkennung ausrichten, haben wir von vornherein ein falsches Ziel. Dann geht es nicht mehr um eine Sache, sondern darum, ob das, was wir tun, bei einem anderen Anklang findet oder nicht. Aber wenn ich mich von dem Wohlwollen eines anderen abhängig mache, bin ich sein Sklave.

Um nun unabhängig von dem Urteil eines anderen zu werden, muß ich in mir selbst einen gültigen Wertmaßstab herausarbeiten. Ich tue dann etwas, nicht primär um einem anderen zu gefallen, sondern weil ich das für gut halte. Dabei werde ich zwar bemüht sein, niemanden zu verletzen, aber ich unternehme nichts, um für mich selbst Lob zu ernten, denn das wäre ein sehr kindliches Motiv. Um Anerkennung zu finden, soll der eigene Wert durch Leistung gesteigert werden. Solch ein Leistungsprinzip kann derart überstrapaziert werden, daß ein Mensch über seinen eigenen Grundsatz stolpert.

Aber andererseits darf Leistung auch nicht unterbewertet werden. Sie sollte einem gesunden Selbstwertgefühl angepaßt sein.

Unser Wert hängt nicht davon ab, ob wir von anderen anerkannt werden oder nicht. Er liegt in dem begründet, was wir sind: Von Gott erschaffen, sind wir Sein Werk, von Ihm geliebt. Darin besteht unser Wert.

Ich muß perfekt sein

Schon eine beiläufig erwähnte Kritik kann in einem Menschen beinahe eine Katastrophe auslösen. Eine geringfügige Bemerkung die gute Laune verderben. Bei einem anderen können wir solch eine überzogene Reaktion vielleicht gar nicht verstehen. Doch wenn wir selbst betroffen sind, ist unsere Reaktion unter Umständen ganz ähnlich, als sei eine Lawine über uns hinweggerollt. Vielleicht brauchen wir Tage, um eine kleine Kritik zu überwinden.

Wie ist das möglich?

Steckt nicht dahinter letztlich die Vorstellung, perfekt sein zu müssen? Natürlich wissen wir, daß solch ein Gedanke nicht realistisch ist. Dennoch sind wir bestrebt, irgendwie nach außen dem Bild des Supermenschen zu entsprechen. Wenn jetzt diesem Bild ein Kratzer zugefügt wird, sind wir in unserem Stolz getroffen.

Wer erwartet von uns, daß wir perfekt sind? Der andere würde es vermutlich ohne weiteres akzeptieren, wenn wir unseren Irrtum eingestehen. Ja, es kann sogar entspannend sein, wenn jemand schlicht zugibt: »Ich habe mich geirrt.« Ist das nicht menschlich?

In der Gegenwart solch eines Menschen können wir aufatmen. Da müssen wir nicht so »tun als ob«.

Wir dürfen uns irren.

Wir dürfen auch Fehler machen.

Aber – wir dürfen nicht bei diesen Fehlern stehenbleiben.

Perfektionismus führt zu übersteigerter Leistung. Und solch einer Anforderung ist auf die Dauer kein Mensch gewachsen. Steckt dahinter nicht letztlich der Gedanke, sein wollen wie Gott? Der eigentliche Urquell ist überzogener Stolz.

Ich denke an einen jungen Mann, der mich in der Praxis aufsuchte. Er hatte einen verantwortlichen Posten in der Firma, und als sich ihm jetzt die Möglichkeit bot, im Ausland den Markt zu erweitern, griff er zu. Doch diese Expansion brachte zunächst nicht den gewünschten Erfolg. Er machte sich Vorwürfe, klagte sich an. Tag und Nacht grübelte er über diese – scheinbare – Fehlentscheidung nach, bis er in eine Depression abglitt. Er glaubte, den Untergang seiner Firma eingeleitet zu haben. Ich fragte ihn: »Was würden Sie sagen, wenn ein anderer diese Entscheidung getroffen hätte?« Er stutzte, dann sagte er: »Es würde mir gar nichts ausmachen. Ich würde ihm sagen: Ich hätte an Ihrer Stelle genauso gehandelt, wir wollen versuchen, das Beste aus der jetzigen Situation herauszuholen, und wenn es sich dann zeigt, daß es eine Fehlentscheidung war, müssen wir das akzeptieren und einfach weitermachen.«

»Und warum sagen Sie das nicht genauso sich selbst?«

»Das geht irgendwie nicht.«

Dasselbe Geschehen, das er bei einem anderen völlig gelassen aufgenommen hätte, verfolgt er bei sich selbst mit unerbittlicher Härte, als wollte er sich selbst bestrafen.

»Aber wir sind nicht Gott. Wir können nicht mit absoluter Sicherheit eine Entwicklung voraussehen«, versuchte ich ihn zu beruhigen. »Jede Entscheidung schließt ein gewisses Risiko mit ein. Aber es wäre auch nicht richtig, aus Angst, eine Fehlentscheidung zu treffen, gar nichts zu unternehmen.«

»Ja, das ist alles schön und gut; aber . . .«

Die Vorstellung, perfekt sein zu müssen!

Ich kenne Menschen, die aus Angst, einen Fehler zu machen, überhaupt kein Risiko mehr eingehen. Aber unser Leben ist nichts Statisches, es ist dynamisch, lebendig. Und dazu gehört auch, daß wir Fehler machen und uns irren können.

Ich bin verantwortlich

Ein weiterer Denkfehler wäre: Ich bin verantwortlich. Ein überzogenes Verantwortungsbewußtsein kann Menschen einengen. Nicht nur denjenigen, der sich verantwortlich fühlt, sondern auch den anderen, der sozusagen »betreut« werden soll.

Ein Beispiel:

Es ist selbstverständlich, daß eine Mutter für ihr Neugeborenes verantwortlich ist. Dieses kleine Menschenwesen ist ja völlig auf die Fürsorge der Mutter angewiesen. Ohne diese Betreuung ist der kleine Mensch nicht lebensfähig. Aber dann ist es die Verantwortung der Eltern, das Kind zur Selbständigkeit zu erziehen, es in das Leben praktisch einzuführen mit dem Ziel, daß der junge Mensch selbst die Verantwortung für sein Leben übernimmt.

Je mehr wir mit Menschen zu tun haben, desto mehr werden wir unsere Grenze erkennen. Der andere ist ein selbständiges Ich. Wenn wir meinen, ihn dirigieren oder gar manipulieren zu müssen, entmündigen wir ihn. Es gehört zur Würde des Menschen, daß er sich in Freiheit selbst entscheidet. Jeder Mensch wird vor eine Wahl gestellt, die er dann zu treffen hat. Diese Entscheidung können wir ihm nicht abnehmen. Es wäre auch nicht gut, ihn zu dieser oder jener Entscheidung zu überreden. Wir können nicht das Leben eines anderen leben. Wir können zwar eine gewisse Richtung aufzeigen, aber dann müssen wir wieder zurücktreten.

Nun mag es Situationen geben, da sind wir in besonderer Weise gefragt; wenn beispielsweise eine Krankheitssituation eintritt. Aber selbst dann dürfen wir einen anderen nicht bevormunden und ihm

Entscheidungen abnehmen, die er selbst noch in der Lage ist zu treffen.

Das heißt nun nicht, daß wir jegliche Verantwortung ablehnen und wie Kain zurückfragen: »Soll ich meines Bruders Hüter sein?« (1. Mose 4,9) Es gibt Situationen, da werden wir auch als »Hüter« zur Verantwortung gezogen. Aber mehr noch liegt unsere Aufgabe darin, den anderen in seiner Eigenverantwortung zu stärken.

Ein falsches Verantwortungsbewußtsein führt unweigerlich zu Streß. Dann lege ich mir immer neue Verpflichtungen auf, die im Grunde niemand von mir fordert und einem anderen letztlich schaden!

h) Falsche Erwartung an den anderen

Der andere ist für mich verantwortlich

Umgekehrt gilt das gleiche. Auch die Erwartung, die wir an einen anderen stellen, muß überprüft werden. Ist der andere wirklich für mich verantwortlich?

Die Psychologie hat auf der einen Seite unsere Augen geöffnet, daß wir Zusammenhänge sehen, die wir vorher nicht beachtet hatten.[7] Doch auf der anderen Seite wurde das Schwergewicht auf frühe Kindheitserlebnisse gelegt, so daß die Verantwortung für ein Versagen einem anderen angelastet wurde, in der Regel den Eltern.

Es mag sein, daß ein Kind mit einer schweren Hypothek sein Leben beginnen mußte. Aber dieser Ausgangspunkt kann einem Menschen auch zum Segen werden. Solch ein Mensch ist viel eher dazu geeignet, andere zu verstehen, nicht leichtfertig zu urteilen.

Wie vielen Menschen bin ich begegnet, die zählten noch im Alter auf, was ihre Eltern an ihnen versäumt hatten. Dieses Zurückschauen und Aufrechnen hat sie daran gehindert, ihr Leben selbst zu gestalten. Das ist eine Tragik. Nicht andere sind für mein Leben verantwortlich, sondern ich selbst.

Darüber hinaus erwarten wir oft von einem anderen etwas, was wir selbst nicht bereit sind zu tun. Auch solch eine Erwartung ist nicht berechtigt. Wenn der andere unserer Vorstellung nicht entspricht, werden wir gereizt, verärgert, unwillig.

Unsere Erwartungen sind oft wie ein Messer, mit dem wir uns selbst verletzen. Theoretisch mögen wir wissen, daß wir einen anderen nicht verändern können. Aber im Alltag versuchen wir es dennoch und reiben uns wund, wenn es uns nicht gelingt. Wir sind verletzt, wenn der andere nicht unseren Vorstellungen entspricht und nicht so reagiert, wie wir es uns wünschten.

Natürlich wäre es schöner – vor allem in einer Ehe – wenn der Umgang miteinander behutsamer wäre und die Liebe dahinter spürbarer würde. Aber ich darf meine Stimmung nicht davon abhängig machen.

Ich selbst lebe so, wie ich möchte, daß ein anderer mir begegnet. Aber ich kann dasselbe nicht von einem anderen erwarten. Es wäre wünschenswert, aber ich kann es nicht zwingen.

So kann ein launischer, egozentrischer Partner für mich zu einer Herausforderung werden, meinen eigenen Charakter zu formen. An der egoistischen Art des andern kann ich lernen zurückzustehen, zu verzichten, zu geben, ohne zu erwarten; Liebe zu üben ohne den Gedanken, selbst geliebt zu werden.

Und wenn es zu Meinungsverschiedenheiten kommt und der andere auf seiner Sicht beharrt, dann lassen wir diese Meinung stehen. Vielleicht betrachten wir ein und dieselbe Sache von verschiedenen Seiten. Gut. Das ist eine Möglichkeit. Aber nicht die einzige. Es gibt noch eine andere ...

Bei diesen Erwartungen handelt es sich um Denkfehler. Wir gehen davon aus, unser Glück würde von einem anderen abhängen. Ob wir anerkannt werden oder nicht, ob wir pefekt sind oder nicht, ob wir geliebt werden oder nicht.

Natürlich ist es angenehm, Erfolg zu genießen. Aber davon hängt mein Glücklichsein nicht ab.

Auch was ein anderer von mir denkt, kann letztlich mein Glück nicht beeinflussen. Denn die Quelle meines Glücks liegt nicht in einem anderen Menschen.

Ein Mensch muß auch nicht schön oder jung sein, um glücklich zu werden. Ich denke an eine alte Frau. Ich habe noch nie ein so zerknittertes Gesicht gesehen, durchzogen von tiefen Furchen. Und doch leuchtete solch eine Schönheit aus ihrem Gesicht, denn in diesem Gesicht spiegelte sich ihr Wesen. Sie hatte etwas so Anziehendes, daß sich wohl keiner diesem Liebreiz entziehen konnte. Man sah es ihr an: Sie war glücklich.

Ich muß geliebt werden

Es ist verständlich, daß wir geliebt werden möchten. Irgendwo ist es wohl der heimliche Wunsch eines jeden Menschen. Für Liebe sind wir alle mehr oder weniger empfänglich. Liebe ist etwas Wohltuendes.

Wir können jedoch keinen Anspruch auf Liebe erheben, als stünde sie uns zu. Wir können sie von keinem fordern oder gar erzwingen. Wenn uns Liebe entgegengebracht wird, können wir uns daran erfreuen, aber wir können dieses Geliebtwerden nicht zu unserem Ziel machen.

Ich kenne Menschen, deren ganzes Streben ist darauf angelegt, Liebe zu empfangen. Durch diese falsche Erwartung machen sie sich von den anderen abhängig. Und je deutlicher ihre Absicht zum Ausdruck gebracht wird, desto schwieriger ist es. Denn solch einer Erwartung kann auf die Dauer kein Mensch gerecht werden. So zieht sich früher oder später der andere zurück, um sich zu schützen. Und wenn jetzt der liebehungrige Mensch spürt, wie man ihn meidet, verdoppelt er vielleicht noch seine Anstrengung und fängt an, sich aufzuopfern. Er bietet sich selbst an – doch immer mit dem heimlichen Gedanken, Gegenliebe zu erhalten.

Aber das, was er bietet, ist ja keine Liebe. Zumindest nicht die Liebe, von der Paulus im 1. Korintherbrief spricht, eine Liebe, die nicht ihren eigenen Vorteil sucht, nicht auf sich selbst bedacht ist. Es ist purer Egoismus, der sich lediglich den Schein der Liebe umgehängt hat; denn wenn ich etwas tue in der Hoffnung, dadurch mein Ziel zu erlangen, geht es mir ja nicht um den anderen, sondern um mich selbst. Wahre Liebe aber hat das Wohl des anderen im Auge und vergißt sich selbst.

Wenn wir unser Glück von dem Geliebtwerden abhängig machen, haben wir eine falsche Basis gewählt. Denn solch eine Erwartung führt unweigerlich zu Enttäuschung und Schmerzen.

Noch bevor ich Frau B. in meiner Praxis begrüßen konnte, kam sie mir zuvor mit der Feststellung: »Ich brauche ein liebes Wort,

Herr Doktor.« Und sogleich fügte sie eifrig hinzu: »Aber es muß ernst sein. Ich merke sofort, wenn es nicht ernst ist.« Und während ich sie dann ins Sprechzimmer geleitete, erklärte sie: »Ich habe so entsetzliche Schmerzen im Rücken. Aber wenn man ein liebes Wort zu mir sagt, gehen diese Schmerzen weg.«

Und dieses »liebe Wort« erwartete sie nicht nur von ihrem Sohn und ihrer Schwiegertochter, sondern auch von anderen Menschen. Alle Menschen um sich herum verpflichtete sie zu einem »lieben Wort«.

Welch eine liebeheischende Erwartung an einen anderen!

Ist der andere wirklich verpflichtet, mir Liebe entgegen zu bringen? Da stimmt doch etwas nicht mit dieser Anspruchshaltung. Damit mache ich ja mein Wohlbefinden von einem anderen abhängig. Ist er gut zu mir, geht es mir gut. Ist er nicht gut zu mir, geht es mir auch nicht gut. Mein Gut-Wetter-Barometer liegt dann im Ermessen des anderen. Aber so sollte es nicht sein.

Ich selbst bin für meine Gefühle verantwortlich. Ganz gleich, ob der andere gut ist zu mir oder böse, ob er mich vernachlässigt oder mir Wohlwollen entgegenbringt.

Und dahin müssen wir uns erziehen, damit wir frei werden von der Reaktion eines anderen.[8]

Der Mensch ist auf eine Beziehung hin erschaffen, einer Beziehung zum Du. Daher auch ist es das Grundbedürfnis des Menschen, von diesem Du angenommen zu werden. Sein ganzes Streben zielt darauf, diese Beziehung gelingen zu lassen.

Aber solch ein Streben kann überzogen werden. Da ist der Mensch von der Idee gefangen, von einem anderen abgelehnt werden zu können, als gäbe es nichts Schrecklicheres auf dieser Welt. So können sich Gedanken festigen, die einem Menschen immer wieder sagen: Du bist nichts wert. Das ist die Klage ungezählter Menschen, ob Männer oder Frauen, deren Ziel es ist, geliebt zu werden. Da wird das Geliebtsein zum Gradmesser für den eigenen Wert. Aber je mehr einer bestrebt ist, dieses Glück zu erzwingen, desto mehr entgleitet es ihm und läßt ihn noch verzweifelter zurück.

3. Kursus für verändertes Denken

a) Erkennen

Vielleicht halten Sie jetzt einen Augenblick inne und überlegen. Versuchen Sie, eine Begebenheit in Ihre Erinnerung zurückzurufen. Vielleicht ist diese Erinnerung noch ganz frisch, und es kann sein, daß sie noch immer an Ihnen nagt, Sie wurmt und quält, so daß Sie diese Worte, die Sie so verletzt haben, wieder und wieder zurückrufen. Und damit holen Sie zugleich das Gefühl der Bitterkeit und Enttäuschung zurück. So nähren Sie sich damit. Es ist zu Ihrer Speise geworden. Seit Stunden. Vielleicht Tagen. Vielleicht noch länger.

Aber von bitteren Erinnerungen können wir unsere Seele nicht nähren. Das ist keine gesunde Kost, die uns aufbaut und zu einer gesunden Persönlichkeit werden läßt.

Um uns selbst besser kennenzulernen, konstruieren wir jetzt ein Beispiel und fragen uns: Wie reagiere ich auf negative Erlebnisse? Dieses Beispiel kann durch Ihre eigene Erfahrung x-beliebig ersetzt werden.

Sie warten auf einem Parkplatz. Sie sind eilig. Ein Blick auf die Uhr zeigt Ihnen, daß Sie nicht mehr viel Zeit haben, um Ihre Kinder von der Schule abzuholen. Sie werden ungeduldig. Endlich fährt ein Auto vor Ihnen aus der Parklücke. Sie setzen gerade an, da schiebt sich von der Seite ein BMW an Ihnen vorbei – als wären Sie Luft. Sie versuchen, den Fahrer auf sich aufmerksam zu machen – aber vergebens. Sie schlucken und merken, wie eine Verstimmung in Ihnen aufsteigt. Im Grunde ärgern Sie sich, weil Sie sich selbst nicht durchsetzen konnten.

Endlich gelingt es Ihnen, einen freien Platz zu finden. Sie hetzen in den Supermarkt, um die notwendigsten Dinge einzukaufen. Und als Sie gerade Ihre Ware auf das Fließband an der Kasse legen wollen, deutet Ihnen das Mädchen an, daß die Kasse vorübergehend nicht besetzt ist. Erneut müssen Sie sich anreihen. Sie werden ungeduldig. Unwillig. Am liebsten würden Sie einfach gehen. Bis Sie an der Reihe sind, vergehen wieder lange Minuten. Schon drängt hinter Ihnen der Nächste. Es fällt kein Wort.

Sie suchen einen Karton, um alles einzupacken. Aber da ist kein

Karton mehr. Irgendwie schaffen Sie es schließlich, Ihren Einkauf zum Wagen zu bringen und merken, Sie sind bereits zehn Minuten zu spät. Und als Sie gerade die Wagentür aufschließen, bremst neben Ihnen ein anderer, kurbelt die Scheibe herunter und fragt Sie, ob Sie keine Augen im Kopf hätten. Noch wissen Sie nicht einmal, warum er so wütend ist.

Waren Sie soeben schon verstimmt, so hat sich jetzt Ihre Stimmung noch mehr verdüstert. Und als Sie endlich zur Schule kommen, sind Ihre Kinder nicht da. Sie müssen sie im großen Schulgebäude suchen. Dann kommt irgendeine Kleinigkeit hinzu – und plötzlich können sie sich nicht mehr beherrschen und schreien Ihre Kinder an. Und die Verstimmung hält den ganzen Abend an. Vielleicht wissen Sie gar nicht einmal, warum Sie so gereizt und nervös sind.

Die negative Erfahrung hat offensichtlich einen Mechanismus in Ihnen ausgelöst, der sich schließlich selbständig gemacht hat. Solch eine Abhängigkeit von äußeren Einflüssen nennen wir eine Feldabhängigkeit. Solange wir unsere Stimmung von unserer Umgebung oder bestimmten Ereignissen abhängig machen, sind wir immer wieder Stimmungsschwankungen unterworfen.

Die Frage ist: Kann ein Mensch von solch einerAbhängigkeit frei werden?

Unsere Antwort lautet: Ja. Zumindest bis zu einem gewissen Grad. Es gilt, eine neue Basis aufzubauen, in uns selbst einen Schwerpunkt zu haben, damit wir frei werden.

Anstatt nun ähnlichen Situationen auszuweichen und solche Menschen zu meiden, die in uns ein negatives Gefühl aufkommen lassen, wollen wir lernen, gerade solche unangenehmen Situationen anzunehmen und auch schwierigen Menschen in größerer Freiheit zu begegnen.

So sind Situationen nicht nur eine Herausforderung, sondern eine Gelegenheit, neue Gefühle zu entwickeln. Vielleicht gelingt es nicht sofort beim ersten Mal, aber es wird nicht lange dauern, da werden wir erste Erfolge verbuchen können. Und auch ein kleiner Erfolg wird uns eine größere Sicherheit geben, bis wir eines Tages nicht mehr darauf angewiesen sind, daß man uns freundlich und entgegenkommend behandelt. Wäre das nicht ein großer Sieg?

Ein kleiner Test

Ein kleiner Test kann uns helfen, unsere bevorzugten Reaktionsmechanismen aufzudecken, um dann gezielter an uns arbeiten zu können.

1. Wir grüßen einen alten Bekannten auf der Straße, und unser Gruß wird nicht erwidert. Denken Sie:

a) Er wird mich nicht erkannt haben.
b) Er hat etwas gegen mich.
c) Das nächste Mal werde ich ihn nicht mehr grüßen.
d) ....

Wenn Sie mit b) oder c) reagieren, setzen Sie das Negative voraus. Aber es ist sehr unwahrscheinlich, daß Ihre Vermutung zutrifft. Vielmehr kann sie aus einem negativen Denkmechanismus entstanden sein.

Und wenn Sie dennoch mit Ihrer negativen Vermutung recht hätten, kann durch eine positive Reaktion die Feindschaft beendet werden. Wer selbst eine entspannte, ausgeglichene Persönlichkeit werden möchte, der hat jetzt Gelegenheit, sich darin zu üben, indem er nicht Gleiches mit Gleichem vergilt.

2. Der Nachbar mäht den Rasen, während Sie Mittagsruhe halten wollen. Denken Sie:

a) Er wird sonst keine Zeit gefunden haben.
b) Das macht er, um mich zu ärgern.
c) Ich werde jetzt das Radio auf doppelte Lautstärke stellen.
d) ....

Die Reaktionen b) und c) setzen wieder das Negative voraus und suchen zugleich eine Möglichkeit, sich zu rächen. Das schafft in Ihnen Zorn. Sie werden erregt. Und damit haben Sie sich selbst den Weg zum Glücklichsein verbaut. Wenn Sie a) denken, können Sie innerlich trotz einer äußeren Störung entspannen.

3. Ihr Mann hatte versprochen, um sieben Uhr zum Abendbrot zuhause zu sein. Sie haben alles vorbereitet. Sie sehen auf die Uhr: Sieben Uhr zwanzig. Das Essen wird kalt. Sie werden ärgerlich. Denken Sie:

a) Es wird ihm etwas dazwischen gekommen sein
b) Das macht er nur, um mich zu ärgern
c) Das nächste Mal werde ich es genauso machen
d) ....

Wieder sind die Reaktionen b) und c) weit davon entfernt, eine harmonische, entspannte Persönlichkeit aus Ihnen zu machen. Während a) eine innere Ausgeglichenheit beweist.

4. Ihre Frau hat für das kommende Wochenende Gäste eingeladen, ohne vorher mit Ihnen darüber gesprochen zu haben. Sie sind verletzt; denn Sie fühlen sich hintergangen. Sie denken:

a) Sie weiß, daß ich ihr vertraue und ist davon ausgegangen, daß ich damit einverstanden bin.
b) Sie will beweisen, daß sie mich nicht braucht.
c) Ich werde ihr zeigen, wer Herr im Hause ist und werde sie vor den anderen bloßstellen
d) ....

Reaktionen b) und c) zeigen die eigene Verletzbarkeit, während a) auf eine harmonische Beziehung schließen läßt.

Verliebt in sein Gefängnis

So unglaublich es klingt, auch das Negative kann zu einem Besitz werden, auf den man nicht mehr verzichten möchte. Selbst ein Gefängnis kann zu einer Burg werden, aus der ein Mensch am Ende sich nicht mehr heraussehnt.

Schon bei einem Kind sehen wir erste Ansätze. Es hat sich gestoßen und läuft weinend zur Mutter, um sich trösten zu lassen. Dabei wird der Schmerz noch dramatisch überzeichnet. In diesem Schmerzempfinden liegt dann ein gewisser Genuß.

Eine echte Depression zwar ist so quälend, daß hier nicht mehr von einem Genuß gesprochen werden kann; doch kann im Vorstadium eine Depression benutzt werden, um seine Umgebung zu manipulieren. Da ist sie ein Kapital, mit dem man arbeitet, um den Besitz zu vermehren. So kann man auch aus dunklen Stunden letztlich Profit gewinnen. In dieser Grauzone besteht dann die Gefahr, die Depression zu suchen. Aber es ist ein Spiel mit dem Feuer, das nur zu leicht in einen echten Brand übergeht, aus dem ein Mensch sich dann nicht mehr selbst befreien kann. Wenn wir gedanklich mit dem Negativen spielen – und darin noch Gefallen finden – können wir eine Schwelle übertreten und tief hinunterstürzen. Darum ist es wichtig, daß wir uns selbst in Frage stellen. Wir haben diese Fähigkeit und sollten sie auch nutzen. Schließlich kennt uns kein Mensch so gut, wie wir uns selbst kennen.

Ein Beispiel soll das verdeutlichen:

Jemand hat uns Unrecht getan. Wir regen uns auf und sind empört. Aber zugleich ist da eine leise Schwingung, die uns zeigt, daß wir diese Behandlung genießen; denn immerhin gibt sie uns das Recht, uns aufzuregen. Jetzt endlich haben wir einen Grund, beleidigt zu sein. Wenn wir uns dabei ertappen, müssen wir sofort ein klares Stopschild aufstellen. Es gilt jetzt, ein neues Muster einzuüben. In diesem Fall würde es bedeuten, sachlich die Angelegenheit zu klären, ohne Emotion.

Natürlich dürfen wir auch ärgerlich sein. Aber dieser Ärger darf nicht hochgespielt werden; und er darf sich vor allem nicht als negatives Gefühl einnisten. Er muß auf sachlicher Ebene ausgetragen werden.

b) Korrigieren

Gedanken sind oft wie Schatten: Sie lassen sich nicht greifen. Und das macht es so schwer, mit ihnen umzugehen. Ja, oft zeigen sie sich nur andeutungsweise, und doch haben sie eine zerstörerische Kraft. Wenn wir in unserem Denken gefangen sind, haben wir keinen Abstand zu uns selbst. Wer daher eine Sache richtig sehen will, muß einen Schritt zurücktreten, um sie aus der Distanz zu betrachten.

So ist das auch mit unseren Gedanken.

Wie aber können wir von uns selbst Abstand gewinnen? Wir sind doch durch und durch mit uns selbst verwachsen. Wir können nicht einfach aus unserer Haut steigen.

Für viele Menschen ist es eine Hilfe geworden, diese stillen Diskussionen mit sich selbst aufzuschreiben. Nicht um ein Werk daraus zu verfassen, sondern um das, was wir ständig in uns bewegen, einmal abzugeben. Das geschieht am besten dadurch, daß wir es entweder aussprechen oder aufschreiben.

Wir erinnern hier noch einmal an das Kapitel »Eine kleine Anatomie« (s. Seite 19ff), in dem wir über das rechte und linke Gehirn sprachen, wobei die rechte Hemisphäre die Phantasie hervorbringt und die linke Hemisphäre die sachliche Kontrolle innehat. Wir haben dann festgestellt, daß es Situationen gibt, in denen die linke Hemisphäre diese Überproduktion an Vorstellungen und Bildern nicht mehr kontrollieren kann, so daß eine Verstimmung sich ausbreitet. Diese Verstimmung nun kann am besten dadurch beeinflußt werden, wenn über die Sinnesorgane die Steuerung wieder der linken Hemisphäre übertragen wird.

Vielleicht sind die Gedanken so unausgegoren, so schemenhaft, unausgedacht, daß wir sie gar nicht greifen können. Wir spüren lediglich das Unbehagen. Aber gerade bei solch einem Gedankenwust kann sich ein Gedanke einschleichen, der für unsere Verstimmung hauptverantwortlich ist. Daher gilt es, diesen Gedanken ausfindig zu machen – und das können wir nur, wenn wir uns selbst gegenüber ehrlich werden.

Um diesen Gedanken nun greifen zu können, wollen wir ihn aufschreiben, um ihn dann besser korrigieren zu können.

Und wenn wir den ersten negativen Gedanken, der uns in den Sinn springt, aufschreiben, versuchen wir sogleich, ein Gegenargument zu finden.

Das ist vielleicht zunächst ungewohnt, da die negative Bahn so vertraut geworden ist; doch auch wenn es Mühe kostet – es ist der Mühe wert.

Lassen Sie es uns ganz praktisch miteinander versuchen.

Sie: »Wozu soll das gut sein? Das ist lächerlich. Das bringt doch nichts. Ich schaffe es sowieso nicht. Das habe ich ja gleich gewußt. Meine Depression werde ich dadurch doch nicht los; warum soll ich dann diesen Unsinn mitmachen?«

Stop!

Gedanke Nr. 1: Wozu soll das gut sein?

Gegenüberlegung: Ich kann mir zwar noch nicht vorstellen, daß sich irgendetwas dadurch ändert – aber versuchen kann ich es.

Gedanke Nr. 2: Das ist lächerlich.

Gegenüberlegung: Es ist nicht die Methode, die ich wählen würde; aber ich lasse sie als eine Möglichkeit stehen.

Gedanke Nr. 3: Das bringt doch nichts.

Gegenüberlegung: Woher weiß ich das? Ich habe es ja noch gar nicht ausprobiert?

Gedanke Nr. 4: Ich schaffe es sowieso nicht.

Gegenüberlegung: Wenn es anderen eine Hilfe ist, warum sollte es mir nicht auch helfen?

Gedanke Nr. 5: Das habe ich ja gleich gewußt.

Gegenüberlegung: Ich nehme ein Ergebnis vorweg, ohne die Möglichkeit überprüft zu haben. Das ist nicht fair. »Warum sollte ich das nicht schaffen? Es ist eine gute Gelegenheit, mich zu verändern.«

Gedanke Nr. 6: Meine Depressionen werde ich dadurch doch nicht los; warum soll ich diesen Unsinn mitmachen?

Gegenüberlegung: Will ich von meinen Mißstimmungen frei werden – oder suche ich sie? Wenn ich frei werden will, bin ich bereit, einen Preis zu zahlen. Und wenn dieser Preis bedeutet, daß ich mich vor mir selbst lächerlich mache, dann tue ich es eben. Es ist einen Versuch wert. Ich will mich nicht länger negativ programmieren. Ich sehe es nicht ein, daß ich mich selbst unglücklich mache.

Und dann können wir dieses stille Selbstgespräch den Flammen übergeben.

Es ist unsere Wahl

Wir haben soeben festgestellt, daß wir etwas Gutes denken müssen, um gute Gefühle zu erfahren. So sind wir Menschen von Gott geschaffen. Wir haben also die Möglichkeit – zumindest bis zu einem gewissen Grad –, uns selbst zu programmieren. Wenn wir das erkannt haben, kann es zu einer revolutionären Änderung in unserem Leben kommen. Nicht von heute auf morgen. Aber nach und nach wird sich unsere Stimmung aufhellen. Wir werden positiver. Hoffnungsvoller. Vertrauender.

Fühlen wir uns deprimiert, so haben wir diese Wahl getroffen. Sind wir glücklich, so haben wir auch das gewählt.

Niemand kann uns zwingen. Selbst in den widerwärtigsten Umständen ist uns die Wahl überlassen, wie wir darauf reagieren.

Wenn wir unsere Stimmung von den äußeren Umständen abhängig machen, schwankt sie von einem Extrem zum anderen. Wenn wir es jedoch lernen, ungeachtet der äußeren Einflüsse und Bedingungen unsere Gedanken mit einem positiven Inhalt zu füttern, können wir eine positive Stimmung abrufen, ganz gleich, in welcher äußeren Verfassung wir sind.

»Das glaube ich nicht. Als ich heute morgen aufwachte, ging es schon los. Es war gemein, was er getan hat. Und dann wird mir die Schuld zugeschoben, als hätte ich das ändern können. Aber ich werde es ihm zeigen, daß es so nicht geht. Mein Kopf macht mich noch verrückt, die Tabletten helfen schon nicht mehr. Es ist zum Wahnsinnigwerden ...«

Stop! Wir wollen uns korrigieren.

Gedanke Nr. 1: Das glaube ich nicht.

Gegenüberstellung: Gut, ich will es ausprobieren.

Gedanke Nr. 2: Es war gemein, was er getan hat.

Gegenüberstellung: Irgendetwas hat ihn verletzt, sonst hätte er nicht so reagiert. Wie kann ich ihm helfen?

Gedanke Nr. 3: Und dann wird mir die Schuld zugeschoben, als hätte ich es ändern können.

Gegenüberstellung: Hätte ich anders reagiert, wäre es nicht so weit gekommen. Ich bin auch schuldig geworden. Es tut mir leid.

Gedanke Nr. 4: Ich werde es ihm zeigen, daß es so nicht geht.

Gegenüberstellung: Wenn er heute abend nach Hause kommt, werde ich ihn mit einer besonderen Überraschung erfreuen und ihm sagen, daß es mir leid tut.

Gedanke Nr. 5: Mein Kopf macht mich noch verrückt. Die Tabletten helfen auch nicht mehr. Es ist zum Wahnsinnigwerden.

Gegenüberstellung: Wieviel Grund habe ich, um dankbar zu sein! Diese täglichen Nadelstiche sind wie kleine Mahnsteine, die mich daran erinnern sollen, wie gut ich es im Grunde doch habe. Danke, daß ich diesen Tag erleben darf. Danke ...

Noch während wir lesen oder etwas hören, machen sich unsere Gedanken auf ihren eigenen Weg. Jede Gedankenfolge – eine Welt für sich. Oft merken wir nicht einmal, wie unsere Gedankenwelt von dem negativen Gift durchsetzt ist. Hier muß eine Reinigung stattfinden. Dieses Gift muß aus unseren Gedanken entfernt werden.

Von der Kränkbarkeit oder die neue Mitte

In der Regel kreisen die Gedanken eines depressiven Menschen um sich selbst. Und von diesem Kreisen kommt er nicht los.

Entweder beschäftigt er sich mit dem, was ein anderer ihm angetan hat oder mit dem, was er selbst getan oder nicht getan hat.

Immer aber ist er Zentrum seines Denkens. Er ist die Achse, um die er sich dreht.

Und diese Ich-Verhaftung macht es unmöglich, mit der Umwelt zu kommunizieren.

Wer sich verändern möchte, muß daher zunächst an seiner Kränkbarkeit arbeiten. Wer leicht verletzbar ist, zeigt, wie sehr er in sein eigenes Bild verliebt ist. Kritik ist unangenehm, sie kann unter Umständen sehr weh tun, vor allem, wenn sie berechtigt ist oder von einem Menschen kommt, der einem nahe steht. Aber wenn etwas weh tut, zeigt dies auch zugleich, daß irgend etwas nicht in Ordnung ist. Und genau an der Stelle muß dann meine Korrektur ansetzen.

Achten wir doch einmal auf unsere Worte. Worüber sprechen wir? Ist es darüber, was man *uns* angetan, wie man *uns* behandelt hat? Jetzt suchen wir Unterstützung, Verständnis bei anderen, um einen kleinen Trost für die durchlittene Demütigung zu erhalten. Als könnten wir dieses Gefühl der Beschämung nicht ertragen.

Warum eigentlich nicht?

Die Kränkbarkeit zeigt, daß wir selbst Mittelpunkt unseres Lebens sind. Und wieviel Not entsteht gerade dadurch, daß ein Mensch nicht zurückstehen kann. Daß er nicht bereit ist, auch einmal ein Unrecht einzustecken, ohne gleich Himmel und Erde in Bewegung zu setzen.

Was sagt Jesus? »Freut euch, wenn sie Übles über euch reden – vorausgesetzt, daß sie lügen . . .« (Matth. 5,11). Nein, das ist keine Schadenfreude, das ist das Bewußtsein, daß der Vater im Himmel gerecht ist und die Zusammenhänge besser kennt. Er hat ja mitgehört. Er war dabei. Das ist genug. Und wenn jetzt diese verletzenden Worte uns zugemutet werden, so wird es gut sein für uns.

Wenn wir uns und unsere Selbst-Gerechtigkeit zum Ziel haben, kommen wir über diesen engen Radius nicht hinaus. Das bedeutet, daß wir das eigentliche Leben, das sich jenseits von uns abspielt, nicht wahrnehmen können. Wer so mit sich selbst beschäftigt, auf sich selbst fixiert ist, hat keine Antenne für das, was außerhalb geschieht.

Wir aber sind zur Freiheit berufen. Das ist unsere eigentliche Bestimmung. Erst dann werden wir eine ganz neue Weite erfahren.

Wenn jetzt Jesus Christus Zentrum unseres Denkens wird, erweitert sich auch unser Lebensraum. Und damit unsere Möglichkeiten. Und je mehr wir uns mit Ihm und dem befassen, was Er zu sagen hat in Seinem Wort, werden wir Sein Ziel zu unserem eigenen machen. Was Ihm wichtig wird, wird dann auch für uns Bedeutung haben. So werden wir umgewandelt in Sein Bild.

Das ist ein Geheimnis und zugleich der einzige Weg, um wirklich frei zu werden.

Wir sind nicht allein

Wenn Paulus davon spricht, »alles Denken in den Gehorsam gegen Christus gefangen zu nehmen« (2. Kor. 10,5), dann deutet er darauf hin, daß wir unser Denken einfangen können, um es Jesus Christus zu unterstellen. Das gilt in besonderer Weise für eine Krise.

Wir haben gesehen, daß in einer Krise das Denken unter einem Zwang geschieht. Wir denken, obwohl wir nicht denken wollen. Und gegen diese Macht kommen wir einfach nicht an.

Wenn es so leicht wäre, das Denken abzugeben! Aber das ist es ja gerade, was wir nicht schaffen. Und doch können wir uns weigern, noch tiefer in den Strudel mitgerissen zu werden.

Und wenn wir merken, wie wir von dem negativen Sog eingefangen werden, können wir beten: »Jesus, denke du deine Gedanken in mir! Übernimm du durch deinen Heiligen Geist die Steuerung meiner Gedanken . . .« So wird ein positiver Baustein auf den anderen gesetzt und unsere ganze Persönlichkeit allmählich umstrukturiert.

Da, wo wir unser Denken Jesus Christus unterstellen, findet eine Erneuerung statt.

Das bedeutet nun nicht, daß wir passiv dasitzen und aufhören zu denken. Wir wissen, daß unser Denken unentwegt geschieht, ob wir das wollen oder nicht. Genauso wenig, wie wir unserem Herzen befehlen können, aufzuhören zu schlagen, werden auch unsere Gedanken von unserem Mühen nicht beeindruckt sein.

Aber sooft wir uns dabei ertappen, daß wir wieder in die negative Mühle geraten sind, können wir dem entgegensteuern, indem wir bewußt Jesus und seinem Heiligen Geist die Steuerfunktion übertragen.

Wieder wollen wir es an einem praktischen Beispiel zeigen:

Wir müssen an einen Menschen denken, der uns tief verletzt hat. Und schon bohrt der negative Gedanke und sticht. Bitterkeit steigt auf. Enttäuschung. Wut.

Stop! Nicht fangen lassen. Jetzt dem entgegenwirken. Wie? »Jesus, nimm diesen Gedanken unter deine Kontrolle. Segne diesen Menschen. Ich danke dir für diese Erfahrung. Ich möchte das lernen, was ich lernen soll. Zeige es mir. Ich danke dir, daß du größer bist als mein Problem . . .«

c) Akzeptieren

Theoretisch mag es uns bewußt sein, daß wir durch Grübeln eine Situation nicht verändern können, und doch ist es so schwer, von diesem HÄTTE loszukommen. Aber je mehr wir uns aufbäumen, desto mehr verwunden wir uns selbst – und versäumen, das zu ändern, was noch zu ändern ist.

Akzeptieren bedeutet nichts anderes, als die Tatsachen als solche anzunehmen. Mir wird eine bestimmte Summe Geld ausgehändigt. Ich empfange sie und halte sie in meiner Hand. Jetzt liegt es an mir, was ich damit anfange, ob ich diese Summe vergrabe oder sinnvoll anlege.

Wie ich mit diesem Betrag umgehe, das ist *meine* Verantwortung. Natürlich kann ich mich jetzt hinsetzen und darüber klagen, daß ich nur so wenig empfangen habe. Aber mein Klagen wird die Summe nicht vermehren. Sondern mein Einsatz.

Wenn ich meine gegenwärtige Situation akzeptiere, komme ich zunächst einmal zur Ruhe. Da höre ich auf zu kämpfen.

Nun geht es hier nicht darum, daß wir alles einfach schlucken sollen; vielmehr sollen wir lernen zu unterscheiden, wo wir uns wehren sollen und wo nicht.

Wenn ich verzweifelt versuche, meinen Partner zu verändern, kämpfe ich an der falschen Front. Meinen Partner kann ich nicht ändern. Aber mich selbst kann ich ändern und meine Haltung ihm gegenüber. Das mag für manch einen enttäuschend sein. Aber ein Kampf bringt uns in diesem Fall nicht weiter.

Wenn wir merken, wie wir uns an einem Menschen, der uns zur

Seite gestellt wurde, wundreiben, ändert auch unsere Klage nichts an der Tatsache. Und Flucht kann uns unter Umständen in ein noch größeres Dilemma treiben.

Wir haben verschiedene Krisensituationen aufgezählt, die zu einer Ausnahmesituation führen oder auch Weichenstellungen genannt, die in eine Depression münden können.

Nehmen wir beispielsweise einen Verlust.

Ein finanzieller Verlust ist ersetzbar. Aber der Verlust eines uns nahestehenden Menschen bleibt. Auch wenn es heißt, daß die Zeit die Wunde heilt. Das Leben muß praktisch neu konzipiert werden. Und das kann erst geschehen, wenn dieser Verlust als Realität akzeptiert wird.

Auch das Älterwerden kann ich nicht leugnen. Ich kann dagegen kämpfen – aber es ändert nichts an der Tatsache. Wenn ich es dagegen akzeptiere und darüber hinaus noch bejahe, kann ich das Positive im Altwerden entdecken. Solange ich mich innerlich in einem Kriegszustand befinde, kann ich dieses Positive nicht sehen. Darum ist das Akzeptieren die Voraussetzung für die *Reifung*.

4. VHT-Therapie (V-ertrauen, H-offen, T-un)

a) Vom Vertrauen

Ein junger Mann suchte mich in einer großen Krisensituation auf. Bereits als kleines Kind hatte er seinen Vater verloren. Dann reihte sich ein Versagenserlebnis an das andere. Als seine Mutter schwer erkrankte, fühlte er sich für sie verantwortlich. Er brach seine Berufsausbildung ab, um in der Nähe der Mutter eine Arbeit anzunehmen, die ihn jedoch nicht befriedigte. Es wurde ihm immer schmerzlicher bewußt, daß gleichaltrige Männer inzwischen längst verheiratet waren. Endlich glaubte er, die Frau gefunden zu haben, mit der er gemeinsam das Leben gestalten könnte. Doch kurz vor der Hochzeit verunglückte sie tödlich. Dieses Ereignis hat den jungen Mann so tief getroffen, daß er in eine Depression geriet. Aber fast noch quälender als der Verlust selbst war die Tatsache, nicht vertrauen zu können.

»Ich bin das personifizierte Mißtrauen. Auch Gott gegenüber. Er ist für mich nicht Vater. Eher der Moloch, der mein Blut saugen will. Als lauere er – fast mit Genugtuung – darauf, zuschlagen zu können.«

Dieses tiefe Mißtrauen, das keine Freude aufkommen läßt; diese geduckte Haltung Gott gegenüber, als würde Gott nur darauf lauern, uns zu vernichten –

Ist das das Bild des Vaters, den Jesus Christus uns gezeigt hat? Was für ein Bild haben wir von Gott?

Hat er Seine Liebe nicht genug unter Beweis gestellt, als er Jesus für uns leiden ließ? Ja, hat er nicht vorgezogen, selbst den Tod auf sich zu nehmen, um uns dieses Urteil zu ersparen?

Wäre er der, den wir in ihm sehen, er hätte uns gewähren lassen.

»Wenn Gott Liebe ist, warum hat er es dann zugelassen . . .« Wie oft höre ich diese Frage. Aber was verstehen wir unter Liebe? Wie interpretieren wir sie? Was wissen wir?!

Je mehr ich mich mit dem Menschen befasse und sehe, wie unser Organismus beschaffen ist, desto mehr bin ich fasziniert von der Größe und der Weisheit des Schöpfers.

Wir haben versucht, einen so winzigen Ausschnitt des menschlichen Gehirns zu verstehen – doch nur, um festzustellen, daß es zu kompliziert ist, als daß ein Mensch die Funktionen des Gehirns je ganz erfassen könnte. Selbst die kleinste Einheit ist für uns ein Geheimnis und läßt sich mit unserem menschlichen Verstand und unseren technischen Möglichkeiten nicht erschließen. Und wenn wir dann bedenken, daß es viele Milliarden Menschen gibt – und nicht nur Menschen . . . Betrachten wir die Schöpfung in ihrer Vielseitigkeit; und dabei erfassen wir wieder nur das, was wir vor Augen haben. Aber es gibt unendlich mehr als das, was wir wahrnehmen können – so müssen wir zugeben: Wir wissen nichts.

Wir meinen zu wissen. Aber – was wissen wir?

Was wissen wir, was sich alles im Universum abspielt?

Was wissen wir von jener anderen Welt?[9]

Nicht einmal das Fleckchen Erde, auf dem wir stehen, können wir wirklich ergründen. Wie können wir dann behaupten, etwas zu wissen? Zu verstehen?!

Je tiefer wir eindringen in die Materie, desto ehrfürchtiger werden wir. Wir ahnen, daß eine »un-menschliche« Kraft das alles koordiniert und überwacht. Wenn wir uns dann mit der Größe Gottes befassen und daran denken, daß unser Leben von Gott gewollt war – denn es gibt keinen Zufall in dieser Schöpfung – dann ahnen wir, daß ein großer Gedanke dahinter steckt. Doch wir sind zu begrenzt, diesen Gedanken zu erfassen. Nur so viel wissen wir, daß es ein »Gedanke des Friedens« (Jer. 29,11) ist, wie Gott uns in seinem Wort bestätigt hat. Und wenn uns das bewußt wird, können wir vertrauen. Denn Gott ist größer. Unendlich größer. Seine Weisheit läßt sich nicht berechnen.

Es ist nur einer, der Gott kennt: Jesus Christus, in dem Gott uns Menschen begegnet ist. Und wenn dieser Eine sagt: »Sorget nicht . . .«, dann weiß er auch – warum. »Denn euer Vater weiß alles . . .« (Matth. 6,8). Das ist genug.

b) Von der Hoffnung

Wenn der Gott, der das Weltall erschaffen hat, unser Vater ist, sollte er da nicht Möglichkeiten finden, uns zum Ziel zu bringen? Wir meinen, wenn eine Sache anders ausgeht, als wir es uns vorgestellt haben, wäre es eine Katastrophe. Doch was in unseren Augen Chaos ist, kann in der Perspektive Gottes ganz anders aussehen.

Wir sehen nur einen winzigen Ausschnitt. Und was wir sehen, erscheint ohne Zusammenhang, völlig verworren und unserer Vorstellung vielleicht total entgegengesetzt. Aber das bedeutet deshalb noch lange nicht, daß Gott genauso über diese Sache urteilt.

Unsere Ratlosigkeit bedeutet noch nicht, daß auch Gott ratlos ist. Vielmehr sollten wir mit fast neugieriger Erwartung beobachten, was Gott aus dieser Situation macht.

Das ist Hoffnung.

Und mit dieser Hoffnung warten wir auf Gott, der »größer ist als unser Herz« (1. Joh. 3,20).

Solch eine Hoffnung ist eine Kraft im Leben eines Menschen. Wenn ein Mensch in seiner dunkelsten Nacht die Hoffnung hat, daß alles gut werden wird, kann er trotz allem – gelassen sein.

Eins ist sicher, wenn wir Gott unser Problem anvertrauen, wird er etwas daraus machen, was seiner würdig ist.

Aber wenn wir selbst meinen, unser Leben in die Hand nehmen zu müssen, wird Gott uns gewähren lassen; denn er hat uns als freie Menschen gewollt. Er wird uns nicht zwingen. Aber er läßt uns nicht allein. Er bietet uns seine Hilfe an.

c) Vom Tun

Wenn ein Mensch vertraut und hofft, kann er handeln. Dann hat er eine Basis, die ihn trägt. Das Vertrauen ist der Ausgangspunkt und zugleich der ruhende Pol. Die Hoffnung ist die Kraft, die ihn beflügelt. Nicht die Hoffnung auf die eigene Kraft. Es ist die Hoffnung, von der auch Paulus schreibt, »Christus in uns, die Hoffnung der Herrlichkeit« (Kol. 1,27). Dann wird das Tun in einer neuen Abhängigkeit geschehen. Nicht wir sind Meister, sondern ER. Es ist nicht ein Tun, mit dem der Mensch seine eigene Welt baut, eine Welt, in der er Herr sein kann, sondern die Welt Gottes, der ein Mensch alle eigenen Bedürfnisse unterordnet. Und alles, was dann ein Mensch tut, erwächst aus dem Ruhen, dem Sein in Gott, aus der Entspannung, dem Sich-Geliebt und Getragen-Wissen. Solch ein Tun resultiert dann aus dem Hinhören auf das, was Gott zu sagen hat.

Das ist kein Freibrief für ein Leben in Trägheit, aber solch eine Aktivität mündet niemals in Streß.

Wie solch ein Leben in der Abhängigkeit aussieht, hat Jesus selbst uns gezeigt. Und wenn schon Jesus von sich sagt: »Der Sohn kann nichts von sich selbst tun« (Joh 5,19), wieviel mehr gilt da für uns: »Ohne mich könnt ihr nichts tun« (Joh. 15,5). Das ist ein Geheimnis und zugleich der einzige Weg zu einem Leben in einer neuen Dimension, neuer Vitalität und Originalität mit einem neuen Sinn.

Erst aus dieser Kraft, die in ihm, aber nicht von ihm ist, kann der Mensch tun, was von ihm erwartet wird. Dann wird aus seinem Reden und Handeln ein Vertrauen leuchten, das auch in anderen Vertrauen weckt. Und eine Sicherheit, die auch anderen Sicherheit vermittelt. Und eine Zuversicht, die auch andere hoffen läßt. So wird alles, was dieser Mensch tut, von dem göttlichen Wesen geprägt.

Wer sich dieser Gemeinschaft bewußt geworden ist, kann nicht anders als danken.

V. Ausklang

1. Vom Danken

»Was betrübst du dich, meine Seele,
und bist so unruhig in mir?
Harre auf Gott;
denn ich werde ihm noch danken,
daß er meines Angesichts Hilfe
und mein Gott ist.« (Psalm 42,6)

Die Traurigkeit ist eine gegenwärtige Realität. Da ist Betrübnis. Da ist diese innere Unruhe. Aber da ist zugleich der Ausblick, der jenseits dieser Tatsachen die andere Realität wahrnimmt. Wäre dieser Bezug nicht da, bliebe nichts als die bittere Verzweiflung.

Es geht nicht darum, daß die Realität geleugnet wird, sondern daß sie in der richtigen Relation gesehen wird. Das, was wir jetzt und hier erleben, ist nicht alles. Es ist nicht das Ende.

Wenn wir am Ende angelangt sind, werden wir danken. Da werden wir beschämt sein, wie sehr wir uns von all diesen Kümmernissen haben blenden lassen und darüber vergessen haben, Gott einzubeziehen. Hat nicht Jesus die Schriftgelehrten zurechtgewiesen, als sie ein Problem mit ihrem Verstand einfach nicht zu lösen vermochten? Sie hatten ein Beispiel konstruiert und meinten, jetzt Gott gefangen zu haben. Sie, die es eigentlich besser hätten wissen müssen.

Unsere Grenzen können wir nicht auf Gott übertragen. Wenn wir mit unserer Weisheit am Ende angekommen sind, bedeutet das deshalb noch lange nicht, daß auch Gott verlegen ist. »Ihr irrt, weil ihr weder die Schrift kennt noch die Kraft Gottes«, antwortete ihnen Jesus (Matth. 22,29).

Und dieses Geheimnis kannten die Beter der Psalmen: »Ich werde ihm noch danken ...«

Danken und denken stehen offensichtlich in einem engen Zusammenhang, wobei der Weg über das Denken zum Danken führen sollte. Der Mangel an Dank ist demnach auf ein mangelhaftes oder fehlerhaftes Denken zurückzuführen.

Und das ist es, was auch Paulus erkannt hatte. »Zuerst danke ich meinem Gott ...« So beginnt er den Brief an die Römer.

Und ein Paulus hätte Grund genug gehabt, niedergeschlagen, ja, verzweifelt zu sein. Geschlagen. Gefesselt. Den Tod vor Augen. Enttäuscht. Verraten. Im Stich gelassen. Mißverstanden. Kritisiert. Und seine Reaktion: »Freut euch! Und noch einmal sage ich euch: Freuet euch ...« (Phil. 4,4)

Wenn er geschlagen wird, empfindet er die Schmerzen. Wenn er auf dem Meer als Schiffbrüchiger Tag und Nacht herumtreibt, ist er am Ende seiner Kraft angekommen. Er ist müde. Er hat Hunger. Er friert. Er ist kein Übermensch. Er ist auch enttäuscht. Aber er bleibt dabei nicht stehen. »Ich danke meinem Gott ...« Denn Er ist es, der ihm die Kraft gibt, durchzuhalten. Er steht ihm bei, wenn alle anderen ihn verlassen (2. Tim. 4,17).

Darum kann Paulus sagen: »Ich kann niedrig sein und hoch sein; mir ist alles und jedes vertraut, beides, satt sein und hungern, beides, Überfluß haben und Mangel leiden. Ich vermag alles – durch den, der mich mächtig macht.« (Phil. 4,12)

Und warum?

»Ich habe gelernt ...«, sagte Paulus.

Um lernen zu können, muß ich jedoch zuvor in solch eine Situation hineingekommen sein, sonst bleibt alles Reden nur Theorie. Und so zählt Paulus eine extreme Ausnahmesituation nach der anderen auf. Aber gerade diese Erfahrungen dienten dazu, Gott besser kennenzulernen. In diesen dunklen Stunden hat es ein Paulus gelernt, daß Gott treu ist. Und dunkle Stunden können auch für uns eine Gelegenheit werden, zu erkennen, daß Gott da ist. Daß Gott größer ist als unser Problem. Sollten wir noch weiter auf unsere Probleme starren, die wir doch nicht ändern können? Wenn Gott darum weiß, liegt es in Seiner Hand, die Situation zu verändern. »Darum bin ich guten Muts in Schwachheit, in Mißhandlungen, in Nöten, in Verfolgungen und Ängsten, um Christi willen; denn wenn ich schwach bin, so bin ich stark«, schreibt Paulus. (2. Kor. 12,10).

Er versucht nicht verzweifelt, Gott mit menschlichem Maßstab zu verstehen. Er versucht nicht, ihn zu kritisieren oder zu korrigieren. Denn er weiß: »Niemand sah je seine Spur« (Psalm 77,20). Der

Mensch ist zu begrenzt, um die Weisheit Gottes zu verstehen. Aber eines kann er tun: Er kann Gott danken.

2. Depressionen als Chance

Eine Depression ist kein Unglück. Sie ist vielmehr eine Herausforderung. Es mag sein, daß diese Herausforderung im Augenblick wenig attraktiv erscheint und wir sie am liebsten wieder zurückweisen möchten. Doch wenn wir dieses Geschenk annehmen, kann es uns zum großen Segen werden. Denn dieses Geschenk lehrt uns viele Geheimnisse des Lebens, die wir sonst nie wahrgenommen hätten.

Voraussetzung ist allerdings, daß wir auf die Gelegenheit, die uns durch solch eine Krisensituation gegeben wird, eingehen und nicht mit einem fertigen Etikett versehen zur Seite legen.

Haben Sie schon einmal darüber nachgedacht, daß auch ein Problem, das wir nicht lösen können, ein Geschenk sein kann?

Im Grunde ging jeder Entwicklungsstufe ein Problem voraus. So war jede Schwierigkeit eine Herausforderung an den Menschen, der dann in seiner Not gezwungen war, nach einem Weg zu suchen. Das gilt für die medizinische Forschung, das gilt auf technischem Gebiet. Wie viele unserer Erfindungen gehen auf ein Problem zurück. Ja, wäre die Menschheit nicht auf der Stufe des Steinzeitmenschen stehengeblieben, wenn die alltäglichen Schwierigkeiten ihn nicht gezwungen hätten, nach neuen Wegen zu suchen?

Auch die Depression ist eine Möglichkeit, das Leben neu zu gestalten.[10] Eine Möglichkeit, menschlich zu reifen. Gelassener zu werden. Nicht mehr verbissen ein bestimmtes Ziel zu verfolgen. Vielleicht auch barmherziger zu werden mit anderen.

Wem es gelingt, die Depression unter diesem Gesichtspunkt zu betrachten, hat ihren Stachel bereits abgebrochen.

Erst der Schatten gibt einem Bild Tiefe und läßt es lebendig erscheinen. Wäre es nur Licht, würde es oberflächlich und unwirklich.

Oder nehmen wir als anderes Beispiel die Musik. Das, was wir als Harmonie empfinden, entsteht durch das Ineinander von Moll- und Durtönen, oder anders ausgedrückt, erst durch die Umkehrung von

Moll in Dur erleben wir Musik als etwas Besonderes, das uns anspricht.

Ähnlich ist es auch in unserem Leben. Die Depression ist der Schatten, der das Licht noch heller scheinen läßt; oder die Moll-Tonfolge, die zum Dur überleitet, und somit den ganzen Reichtum und die Schönheit entfaltet. So tragen gerade die dunklen Stunden dazu bei, daß unser Leben so vielfältig und ansprechend wird. Nicht die Depression ist das Letzte, sondern das, was sie bewirkt: das veränderte Leben.

Wie jede Krise eine Vorstufe zu einer Veränderung ist, so kann auch eine Depression zu einem Aufbruch werden. Die alte, bisherige Denkweise wird durch eine neue abgelöst. Auch die Beziehung zu meiner Umwelt wird anders aussehen. Und mein Verhältnis zu den Mitmenschen wird durchsichtiger, barmherziger. Mein Denken kreativer. Die ganze Persönlichkeit durchschaubarer. Schlichter. Unmittelbarer.

3. Vom Los-lassen zur Ge-lassen-heit

Wenn ein Mensch in seiner dunkelsten Nacht an der Hoffnung festhält, daß alles gut werden wird, kann er – trotz aller äußeren Widerwärtigkeit – gelassen sein. Und wie manches Mal stellt sich am Ende heraus, daß das, was uns am meisten zu schaffen machte, nur Schatten waren, so daß wir hinterher ganz überrascht sind und selbst nicht mehr verstehen können, warum wir uns vor diesen Schatten so gefürchtet haben.

Wie Kinder, die zum ersten Mal durch einen Geistertunnel fahren. Mit großem Geheul stürzen sich die unglaubwürdigsten Geistergestalten auf den Reisenden, sie glotzen aus leeren Augenhöhlen oder reißen das Maul auf – aber das Schiff mit den Besuchern gleitet unbeirrt hindurch. Und der Besucher stellt erleichtert fest: Es waren nur Attrappen. Der Bewegungsradius war so bemessen, daß keiner dieser Schreckensfiguren das Schiff berühren konnte. Man hört den ohrenbetäubenden Lärm – aber auch diese Quelle der unheimlichen Laute ist nicht real. Und wer zum zweiten Mal durch diesen Geistertunnel fährt, weiß bereits, was ihn erwartet und wird mit einem überlegenen Lächeln die Anstrengungen der Plastikfiguren beobachten. Fast erheitert wird er jetzt dieses Spiel verfolgen. Und vermutlich reicht das Interesse nicht noch für eine dritte Fahrt.

Ähnlich können auch wir den Symptomen eines depressiven Tiefs begegnen. Nur mit dem Unterschied, daß es sich hier nicht um Attrappen handelt, sondern um eine Realität. Doch Gott hält alle Fäden in seiner Hand. Und letztlich kann denen, die ihn lieben, nichts schaden; im Gegenteil, es muß ihnen alles zum Besten dienen (Röm 8,28). Wenn wir das erkannt haben, können wir loslassen; unsere Hände öffnen, mit denen wir so krampfhaft an einer Sache festgehalten haben. Und erst in dem Augenblick, an dem wir loslassen, können wir das Neue in Empfang nehmen.

Solange wir unsere Finger um das schließen, was wir als eigensten Besitz festhalten möchten – seien es nun Dinge oder Menschen, unsere Vergangenheit oder unsere Zukunft –, können wir das Neue nicht empfangen. Aber wenn wir diesen ganzen verwickelten oder auch schulddurchzogenen Ballast Gott überlassen, kann er als der Schöpfer handeln. Er kann auch verwandeln: Menschen und Umstände. Da kann alles plötzlich ein anderes Vorzeichen erhalten, da ist es dann nicht mehr ein Minus, sondern ein Plus. Und das, was soeben noch eine unerträgliche Last bedeutete, kann in einen Segen umgewandelt werden.

Und dann werden wir rückblickend erkennen, daß Gott gerade diesen Menschen oder diese schwierigen Umstände gebraucht hat, um in uns das Bild Jesu herauszuarbeiten. Wenn wir das erkennen, können wir gelassen sein.

Gibt es ein größeres Glück? Eine größere Freude?

Anhang

Für diejenigen, die sich noch intensiver mit der Beherrschung ihrer Gefühle und Gedanken auseinandersetzen möchten, bieten wir zusätzlich einen Sonderkurs an mit 2 Kassetten und Begleitbuch. Es ist ein Wochenkurs mit sieben Einheiten, wobei jede Einheit drei Lektionen enthält. Die einzelnen Lektionen können innerhalb weniger Minuten durchgearbeitet werden.

Das Ziel dieses Kurses ist es, zu lernen, mit den eigenen negativen Gefühlen besser umzugehen, und dadurch die Möglichkeiten, die das Leben bietet, besser wahrnehmen zu können.

Es sind kleine Schritte, die aufeinander aufbauen. Wenn Sie bereit sind, eine Woche lang jeden Tag nur einige Minuten zu investieren, werden auch Sie davon profitieren.

Anhand der vorliegenden Testpunkte können sie prüfen, ob Sie vorwiegend positiv oder negativ denken, wobei die Aussagen a) die positive Denkweise aufdeckt, die Aussagen b) eine negative Haltung anzeigt.

1. a) Ich fühle mich ausgeglichen. (0)
   b) Ich fühle mich bedrückt. (2)
2. a) Ich glaube, daß alles gut wird. (0)
   b) Für mich gibt es doch keine Hoffnung. (3)
3. a) Es macht mir nichts aus, wenn andere mich kritisieren. (0)
   b) Ich habe Angst, von anderen kritisiert zu werden. (2)
4. a) Ich kann auf eine Verletzung sachlich reagieren. (0)
   b) Ich bin leicht gekränkt und klage darum schnell den anderen an, um mich zu schützen. (1)
5. a) Ich bin gerne mit anderen Menschen zusammen. (0)
   b) Ich möchte mich am liebsten verstecken. (1)
6. a) Auch wenn ich mich geirrt habe, bedeutet das noch nicht das Ende. (0)
   b) Ich werde von Panik erfaßt, wenn ich daran denke, ich könnte mich geirrt haben. (3)
7. a) Ein Fehler ist für mich ein Ansporn, es beim nächsten Mal besser zu machen. (0)

b) Einen Fehler könnte ich mir nie verzeihen. (3)

8. a) Auch an kleinen Dingen kann ich mich erfreuen. (0)
   b) Ich habe nichts, auf das ich mich freuen könnte. (2)
9. a) Ich nehme die Vergebung an. (0)
   b) Ich habe den Wunsch, mich zu bestrafen. (1)
10. a) Wenn ich an einem Punkt versagt habe, bedeutet das nicht, daß ich überall versage. (0)
    b) Ich bin ein Versager. Mir gelingt nichts. (3)
11. a) Das Leben ist für mich ein Geschenk, für das ich mich zugleich verantwortlich weiß. (0)
    b) Ich möchte am liebsten nicht mehr leben. (3)
12. a) Ich bejahe auch das Altwerden. (0)
    b) Ich habe Angst, alt zu werden. (2)
13. a) Denken ist für mich produktiv, nicht destruktiv. (0)
    b) Ich muß ständig an ein und dieselbe Sache denken, ich kann mein Denken nicht abstellen. (3)
14. a) Ich weine selten; und wenn ich weine, liegt ein konkreter Anlaß vor. (0)
    b) Ich muß oft auch ohne erkennbaren Grund weinen. (3)
15. a) Ich erwarte zunächst das Positive. (0)
    b) Ich erwarte immer zuerst das Negative. (3)
16. a) Tagsüber fühle ich mich frisch und ausgeruht, so daß ich an der Arbeit Freude habe. (0)
    b) Ich bin meistens müde und kann mich nicht aufraffen. (2)
17. a) Meine Gedanken sind auf die Zukunft gerichtet; ich vertraue darauf, daß auch meine Vergangenheit für mein Leben sinnvoll ist. (0)
    b) Ich beschäftige mich viel mit meiner Vergangenheit und kann bestimmte Ereignisse einfach nicht aus meiner Erinnerung löschen. (1)

Wenn die Gesamtzahl der b)-Punkte fünf übersteigt, kann der angebotene Kurs auch für Sie von Bedeutung werden. Er wird – mit den dazugehörigen Kassetten – im gleichen Verlag erscheinen.

Literatur-Anmerkungen

Zu: I. Eine kleine Anatomie

[1] Brockhaus Enzyklopädie, F. A. Brockhaus, Wiesbaden 1969
[2] Guttmann, G., Lehrbuch der Neuropsychologie, 3. überarbeitete und ergänzte Auflage, Verlag Hans Huber, Bern-Stuttgart-Wien 1982
[3] Glees, P., Das menschliche Gehirn, 2. neubearbeitete und erweiterte Auflage, Hippokrates Verlag, Stuttgart 1971
[4] ebenda
[5] Brockhaus Enzyklopädie, F. A. Brockhaus, Wiesbaden 1969
[6] Guttmann, G., Lehrbuch der Neuropsychologie
[7] Rohren, J.W., Funktionelle Anatomie des Nervensystems, 2. erweiterte und überarbeitete Auflage, F.K. Schattauer Verlag, Stuttgart/New York 1975
[8] ebenda
[9] Snyder, S.H., Chemie der Psyche, Spektrum der Wissenschaft, Heidelberg 1986
[10] ebenda
[11] Geo Wissen: Gehirn. Gefühle. Gedanken, 83406 Nr. 1, Montag 25.5.1987, Seite 56–57
Llinas, R.R., Calciumströme in Synapsen, Seite 34–44, Spektrum der Wissenschaft, Dezember 12/1982
[12] Snyder, S.H., Chemie der Psyche
[13] Schomburg, E.D., Kuhnt, U., Hirnfunktion Transparent. Funktionelle Anatomie des Gehirns, Firma Casselle Riedel
[14] Eccles, J., Das Gehirn des Menschen, 4. Auflage, R. Piper u. Co. Verlag München/Zürich 1979
[15] ebenda
[16] Springer, S.P., Deutsch, G., Linkes und rechtes Gehirn, Spektrum der Wissenschaft, Heidelberg 1987
Oepen, G. (Hg), Psychiatrie des rechten und linken Gehirns, Deutscher Ärzte Verlag Köln 1988
[17] ebenda
[18] Eccles, J., Das Gehirn des Menschen
[19] Springer, S.P., Deutsch, G., Linkes und rechtes Gehirn
[20] Sonnier, J.L., Methods and Techniques of holistic education, Charles C. Thomas Publisher, Springfield Illinois USA 1985

Zu: II. Der Ausnahmezustand

[1] Bruker, M., Gesund durch richtiges Essen, München 1983
[2] Birkmayer, W., Depression, Deutscher Ärzte Verlag Köln GmbH 1977
[3] Brockhaus Enzyklopädie, F. A. Brockhaus, Wiesbaden 1969
[4] Katsching, H., Amering, M., Nutzinger, D., Alf, C., Das Phänomen der Panikattacke, Neurologie Psychiatrie 3/89, Seite 79–91

Zu: III. Die Depression

[1] Minirth, F., Meier, P., Happiness is a Choice, Baker Book Michigan 1988
Brandt, F., Victory over Depression, Baker Book Michigan 1988

[2] Rösler, W., Riecher, A., Häfner, H., Psychisch Kranke in Allgemeinpraxen und Nervenarztpraxen, S. 41/31 Münchener med. WSchr. 131 (1989) Nr. 4
[3] Snyder, S.H., Chemie der Psyche
[4] Birkmayer, W., Depression
[5] Pöldinger, W., Wider, F., Die Therapie der Depression, Deutscher Ärzte Verlag, Köln 1986
[6] ebenda
[7] Snyder, S.H., Chemie der Psyche
[8] ebenda
[9] Kammer, D., Hautzinger, M., Kognitive Depressionsforschung, Verlag Hans Huber, Bern/Stuttgart/Toronto 1988

Zu: IV. Vom Heilwerden

[1] Emery, G., Campbell, J., Rapid Relief from Emotional Distress, Fawcett Columbine New York 1987
[2] Brockhaus Enzyklopädie, F. A. Brockhaus, Wiesbaden 1869
[3] Burns, D., Feeling Good, New America Library 1981
[4] ebenda
[5] Beck, A., Rush, A., Shaw B., Emery, G., Kognitive Therapie der Depression, Psychologie Verlags Union Urban & Schwarzenberg, München/Weinheim 1986
[6] Ellis, A., Grieger, R., Praxis der rational-emotiven Therapie, Urban & Schwarzenberg 1977
[7] Beck, A., Wahrnehmung der Wirklichkeit und Neurose, Verlag J. Pfeiffer, München 1976
[8] Minirth, F., Meier, P., Happiness is a Choice, Baker Book House
[9] Weinreb, F., Selbstvertrauen und Depression, Thauros Verlag, München 1980
[10] Weinreb, F., Vom Sinn des Erkrankens, Origo Verlag, Bern 1979

Achtung: Fehlschaltung!

Sind seelische Störungen vermeidbar?

80 Seiten, R. Brockhaus Taschenbuch, Bestell-Nr. 20313

»Ich werde oft gefragt: ›Warum versage ich überall, und warum gibt es in meinem Leben so viele Fehlschläge?‹ – Dabei stelle ich jedesmal fest, daß es irgendwo in diesem Leben zu einer Fehlschaltung gekommen ist und daß sich im Laufe der Zeit diese Einstellung wiederholt und gefestigt hat.«
Anhand von zahlreichen Beispielen aus seiner langjährigen nervenärztlichen Praxis deckt Dr. M. Horie nicht nur die Hintergründe psychischer Störungen auf, sondern zeigt auch, wie eine Fehlschaltung korrigiert werden kann. Hier ist ein Buch, das Menschen, die an Depressionen leiden oder in den zwischenmenschlichen Beziehungen – sei es in der Ehe, in der Familie oder am Arbeitsplatz – Schwierigkeiten haben, über die psychotherapeutische Schulmedizin hinaus durch das Evangelium von Jesus Christus eine Wegweisung gibt.

Umgang mit der Angst

104 Seiten, R. Brockhaus Taschenbuch, Bestell-Nr. 20388

Angst gehört zu unserem Leben. Solange wir auf dieser Erde sind, werden wir Angst erfahren. Es wäre sinnlos, sie zu leugnen. Wir können zwar versuchen, sie zu überspielen; aber damit ist sie noch nicht besiegt.
In meine Sprechstunde kommen mehr und mehr Menschen – sie kommen von weit her – gezeichnet von der Angst; einer Angst, die lähmt und jegliche Lebensfreude raubt; einer Angst, die das Leben von innen her langsam zerstört. Und dann versuchen wir gemeinsam, diesem hinterhältigen Feind auf die Spur zu kommen.
Wer von den quälenden Angstsymptomen befreit werden will, muß kämpfen. Dieses Buch soll dabei Hilfestellung bieten.

Mit der Seele per Du

Psychische Krankheiten und was wir tun können

112 Seiten, ABCteam-Paperback, Bestell-Nr. 12391

Ein weiteres Buch aus der Praxis des bekannten Neurologen und Psychiaters Dr. Horie. Die Themen reichen von Veranlagung, Ernährung, psychischen Krankheitsbildern, Kritik an modernen Therapieangeboten bis zur Person des Helfers, dem hier praktische Hilfestellung für die Beratungssituation gegeben wird. Das Buch ist aus der Praxis entstanden. Es soll kein Lehrbuch ersetzen, sondern ist als kurzer Leitfaden gedacht – eine Orientierungshilfe sowohl für den Hilfesuchenden als auch für den Helfer.

R. BROCKHAUS VERLAG WUPPERTAL UND ZÜRICH